Bernd Kiesewetter

Coaching-Lügen?

Wie du zwischen Phrasen und echten Inhalten unterscheidest

„Einfach anfangen!"
„Du musst es nur wollen!"
„Alles eine Frage des Mindsets!"

Diese Coaching-Lügen kennen wir alle.

Aber um was genau geht es Bernd Kiesewetter eigentlich? Soll Coaching eine Lüge sein? Oder gibt es eine Lüge um das Coaching? Oder wird im Coaching gelogen? Was ist mit „Coaching-Lügen" wirklich gemeint?

„Lass dich durch den Titel nicht in die Irre führen. Ich behaupte nicht einfach das Gegenteil von dem, was du bisher gehört hast. Ich bin auch kein Aussteiger, der nun mit seiner ehemaligen Branche aufräumen will und alles in den Dreck zieht, was bis vor Kurzem für ihn selbst noch richtig war. Aber es gilt, Grundlegendes zu verbessern."

Bernd Kiesewetter will aufräumen. Denn nicht alles, was sich gut anhört, ist auch wirklich gut. Und nicht alles, was gut gemeint ist, ist wirklich hilfreich.

Berlins Erfolgscoach Nr. 1 hat einige der bedeutendsten und immer wieder kursierenden Phrasen ausgewählt und erklärt, was du wirklich mit ihnen anfangen kannst. Wie entwickelst du tatsächlich das Mindset, um deine Ziele zu erreichen? Ist es schlecht, einen Plan B zu haben? Wobei kann dir ein guter Coach wirklich helfen?

Bernd Kiesewetter räumt zwischen Coaching-Lügen, Motivations-Mythen und Phrasendrescherei auf! In diesem Buch erfährst du, wie du in einer Welt, in der jeder die einfachen Antworten auf komplexe Fragen hat, den Überblick behältst, worauf du wirklich hören kannst. Denn gute Coaches können dir helfen, Richtung und Sinn für dein Leben zu finden und dich zu verwirklichen!

BERND KIESEWETTER

Berlins
ERFOLGSCOACH
Nr. 1 räumt auf

COACHING-LÜGEN?

Wie du zwischen Phrasen und echten Inhalten unterscheidest

Hauptstraße 33
27299 Langwedel
www.maximum-verlag.de

1. Auflage 2022

Lektorat: Dr. Matthias Auer
Korrektorat: Herwig Frenzel
Satz/Layout: Alin Mattfeldt
Umschlaggestaltung: Alin Mattfeldt
Umschlagfotografie: © Maximum Verlags GmbH
E-Book: Mirjam Hecht

Druck: Booksfactory
Made in Germany
ISBN: 978-3-98679-005-9

Gewidmet all den Hilfe suchenden Menschen -
und ihren Beratern, Coaches und Mentoren.

INHALT

Vorwort: Ein Plädoyer für die radikale Ehrlichkeit im Coaching

Ein Essay von Felix Maria Arnet

Ehrlichkeit gilt als eine der höchsten Tugenden des Menschen. Den Anspruch, als ein ehrlicher, aufrichtiger und authentischer Mensch charakterisiert zu werden, würden wohl die meisten für sich reklamieren wollen. Aber Hand aufs Herz: Sind Sie immer ehrlich? Oder kennen Sie jemanden, der es ist? Wenn Menschen miteinander kommunizieren, gilt es regelmäßig als unziemlich oder gar anstößig, die Wahrheit zu sagen. Auch Psychologen haben uns jahrzehntelang erzählt, dass die Lüge wesentlicher Bestandteil des menschlichen Miteinanders, ja sogar unverzichtbare Voraussetzung für das Fortbestehen des sozialen Gefüges sei. „Ehrlichkeit ist eine Zier, doch weiter kommt man ohne ihr" – dieser Sinnspruch aus meiner Kindheit hallt mir heute noch entgegen. Die Lüge gilt, wenn sie aufgedeckt wird, als schmachvoll und sündhaft. Doch wenn wir die Wahrheit sagen, folgt die Strafe auf dem Fuße. Zumindest, wenn es eine unbequeme ist. In diesem Paradoxon bewegen wir uns ein Leben lang. Eines ist klar: Aufrichtigkeit ist nicht immer höflich. Aber Höflichkeit ist eben auch nicht immer aufrichtig. Die Wahrheit zu sagen, bedeutet vielfach, ein großes Risiko einzugehen.

Das Risiko anzuecken, zu irritieren, zu verstören. Da wir von Natur aus bestrebt sind, in Harmonie und Eintracht mit unserer Umwelt zu leben, können wir unseren moralischen Ansprüchen nicht immer gerecht werden. Aber ist das langfristig wirklich sinnvoll? Können wir, wenn wir die Obszönität der Wahrheit zu ertragen lernen, nicht einen fundamentalen Erkenntnisgewinn erlangen?

Wir alle sind bestrebt, das Gesicht zu wahren, uns immer von unserer besten Seite zu zeigen. Für einen selbstständigen Unternehmer auf dem freien Markt ist es geradezu zwingend, sich und seine Vita zu nobilitieren. Klappern gehört zum Handwerk, das ist ganz besonders in der Coachingbranche ein geflügeltes Wort. Ohne griffige, eloquent formulierte Marketingheadlines und eine möglichst positive Selbstdarstellung ist man auf dem heutigen Speaker- und Coachingmarkt schlicht nicht konkurrenzfähig.

Coaching ist immer noch ein brandaktuelles Berufsfeld, die Bedeutung von professioneller Persönlichkeitsentwicklung ist in den letzten Jahren vielleicht sogar zudem gestiegen.

Die Verlockung, in diesem Prozess von einem geradlinigen, prinzipientreuen Kurs abzukommen und sich in eine marktschreierische Scheinwelt zu begeben, ist groß. Nicht selten fragte ich mich, ob ich im nächsten Monat überhaupt noch in der Lage sein würde, die Rechnungen für die laufenden Ausgaben zu bezahlen. Wenn man dann, zugegeben nicht ganz neidlos, die medial präsenten Leitwölfe der Coachingbranche vor Augen hat, die mit ihren Vorträgen ganze Massen mobilisieren, ist die Versuchung groß, mit den Wölfen zu heulen. Eine solche schillernde Figur war ein bekannter Motivationscoach, der Anfang der Nullerjahre als einer der erfolgreichsten galt und wohl auch einer der bestbezahlten Trainer der Republik war. Zumindest, bis er wegen Untreue und vorsätzlichem Bankrott ins Gefängnis wanderte. Mit Pauschalthesen, missionarischem Eifer und einer ausgeprägten Affinität fürs Showbusiness füllte er über Jahre ganze Konzerthallen, auch seine Seminare verkauften sich blendend. Der Markt für schlichte Parolen wie „Befreie dich selbst", „Jeder kann alles erreichen", „Sag Ja zum Erfolg" ist ein gewinnbringender. Das Pathos, könnte man sagen, ist hier schon fast pathologisch. Aber ist dieser Motivationscoach ein Beispiel, dem man folgen sollte? Die Grenzen zwischen einem „guten" und einem „schlechten" Coach sind ziemlich fluide und unterliegen immer einer subjektiven Beurteilung. Einen guten Handwerker kann man, mehr oder minder objektiv, am Ergebnis seiner Arbeit erkennen, aber was zeichnet einen guten Coach aus? Die Methodik? Die Persönlichkeit? Die ethische Haltung?

Der Coachingmarkt steht mit diesen „falschen Predigern" indes nicht allein da. Wohin es führen kann, wenn sich Menschen auf der Suche nach dem Glück in die falschen Hände begeben, kann man auf dem boomenden Esoterikmarkt beobachten. Das Problem beginnt, wie auch in allen anderen Industriezweigen, dann, wenn aus einem frommen Angebot ein allumfassendes Heilsversprechen wird. Es gibt zahllose Fälle, in denen Menschen einen hohen Preis dafür zahlen mussten, sich in der Scheinwelt der Geistheiler und „Alternativmediziner" zu verlieren, statt therapeutische oder ärztliche Hilfe in Anspruch genommen zu haben. Natürlich besteht ein Unterschied zwischen einer Industrie, die Hilfesuchenden buchstäbliches Seelenheil und die Austreibung von Krankheiten verspricht, und der Coachingbranche, die eher auf finanziellen und wirtschaftlichen Erfolg abzielt. Aber es ist vielleicht auch nur ein gradueller. Das dahinterstehende Prinzip ist jedenfalls das gleiche: Es gibt nur einen Weg zu deinem Glück, und den kann nur ich dir zeigen. Das ist keine Persönlichkeitsentwicklung, sondern postmodernes Götzentum.

Ich benutze im Coachingkontext gern den Begriff des „Co-Piloten". So wie ich selbst in der größten Krise meines Lebens niemanden gebraucht habe, der mich durch dogmatische Handlungsanweisungen, Manipulation und Besserwisserei auf einen bestimmten Weg drängt, so sehe ich mich in meinem Berufsverständnis selbst nicht als Aufpeitscher oder Feldwebel, der seine Klienten mit militärischem Drill zu besseren Soldaten formt. Ich glaube, dass wahrhaftige und langfristige Veränderung immer nur von innen kommen kann und dass auch der beste und psychologisch versierteste Coach im Grunde immer nur eine recht bescheidene Rolle in diesem Prozess spielen kann. Diese kleine Rolle kann aber einen großen Unterschied machen, wenn Coach und Coachee gemeinsam eine Vision entwickeln, die individuell auf die Bedürfnisse und Möglichkeiten des Coachees zugeschnitten ist. Deshalb sehe ich auch die „Massenabfertigung" der Erfolgsgurus, selbst bereinigt von etwaigen moralischen Konflikten, als problematisch an. Ich will nicht behaupten, dass eine charismatische Persönlichkeit und eine gut inszenierte Show nichts bewirken können. Zumindest kurzfristig ist die affektive Wirkung einer solchen Motivationsrede nicht von der Hand zu weisen. Wer einmal bei einem solchen Event dabei war und beobachtet hat, wie Hunderte, wenn nicht gar Tausende von Menschen in einen nahezu transzendent-religiös anmutenden Motivationstaumel verfallen, wird wissen, wovon ich spreche.

Ich bezweifle aber, dass diese grelle, publikumswirksame Mischung aus NLP, positivem Denken und mantraartigem Tschacka-Singsang jemals bei irgendwem wirklich zu einer langfristigen, profunden Veränderung geführt oder zu einem echten Reflexionsprozess beigetragen hat. Motivationstrainings nach diesem Rezept sind so etwas wie der Big Mac der Coachingbranche. Ansprechend verpackt und auf der Menükarte am Drive-in-Schalter schmackhaft präsentiert, lässt die Sättigung nach dem Verzehr schnell nach. Was folgt, ist eine leichte Übelkeit und das Gefühl, nichts Gehaltvolles zu sich genommen zu haben. Nach kurzer Zeit hat man wieder Hunger. Auch sind diese Konzepte niemals auf den Rezipienten, sondern immer auf den Trainer zugeschnitten. Eine flamboyante, aber letztlich gehaltlose Brandrede, die sich mit universellen Floskeln wie „Alles ist möglich" genauso an die Kassiererin im Supermarkt wie den Topmanager im Automobilkonzern richtet, kann von Natur aus keine individuelle Wirkung entfalten. Und was nützt am Ende der Beifall der ganzen Welt, wenn es nur das Echo auf eine laute Plattitüde ist.

Persönlichkeitsentwicklung lässt sich weder patentieren noch pauschalisieren. Es ist ein hochgradig individueller, persönlicher Reifeprozess, der viel Zeit, Geduld und kontinuierliche Arbeit erfordert. Die Wahl des „richtigen" Coaches ist dabei keine einseitige, also nicht nur der Klient entscheidet über die Zusammenarbeit. So wie ein gewissenhafter Psychotherapeut nicht jeden Patienten annimmt, nur weil dieser am Monatsende seine Rechnungen bezahlt, so wird auch ein verantwortungsbewusster Persönlichkeitstrainer die

Zusammenarbeit mit einem Klienten nicht beginnen, nur weil ein klares gemeinsames Ziel definiert wurde, sondern wenn dieses auch im Einklang mit dem eigenen Konzept und nicht zuletzt den persönlichen Werten steht. Diese Haltung, die auch Voraussetzung für gegenseitige Wertschätzung ist, darf kein schmückendes Beiwerk sein oder als bloße Selbstverständlichkeit deklariert werden, sondern ist ein basales Element für eine aufrichtige und fruchtbare Zusammenarbeit. Ist das nicht gegeben, muss man, auch wenn es schwerfällt, die Größe haben, sagen zu können: Non serviam. Alles andere wäre unaufrichtig und, vielleicht noch wichtiger, unauthentisch. Und ich glaube, dass langfristig nichts so sehr die Seele in Ungleichgewicht bringt wie ein Leben, in dem Werte und Handeln nicht im Einklang miteinander stehen. Wie groß der Anreiz des finanziellen Erfolgs auch sein mag, fordert dies in meinen Augen früher oder später einen zu hohen Tribut, wenn dazu immer wieder eine Aura der scheinbaren Makellosigkeit beschworen werden muss. An dieser Maskerade wird sich auch der abgebrühteste Bauernfänger irgendwann aufreiben.

Authentizität, das ist auch eines der großen Schlagworte der Trainingsbranche. Es gibt kaum einen Coach oder Speaker, der dieses Attribut nicht wie ein Aushängeschild vor sich herträgt und in seinem Repertoire nicht anpreist. Dabei wird der Authentizitätsbegriff als Persönlichkeitsmerkmal oft fehlinterpretiert: Ich bin ich, also bin ich authentisch. Wahre Authentizität ist aber kein Cherry on top – kein Persönlichkeitsbonus –, sondern in meinen Augen einer der Grundpfeiler persönlicher Identität. Authentizität hat viel mehr mit Aufrichtigkeit und Ehrlichkeit zu tun als mit Individualismus und Selbstbewusstsein. Und Aufrichtigkeit kann man nicht einfach für sich reklamieren, sondern sie muss fortwährend gelebt und unter Beweis gestellt werden. Es ist dabei absolut kein Widerspruch, eine unternehmerische Agenda zu verfolgen und dennoch einem moralischen Kodex, man könnte auch sagen einem inneren Kompass, zu folgen. Ich diene mich zum Beispiel weder Unternehmen noch Organisationen oder Personen an, deren Werte und Ziele zu stark von meinen eigenen abweichen. Dieser innere Kompass hilft mir, immer wenn ich zweifle, die Orientierung und den Instinkt für das, was wirklich zählt, zu behalten und zu erkennen, wer ich wirklich bin. Wenn diese Frage einen höheren Stellenwert hätte als die, wie ich möglichst schnell zu Geld und Ansehen komme, wären sehr viele Menschen vielleicht etwas ärmer – aber ganz bestimmt auch viel glücklicher oder zumindest zufriedener. Denn fast noch wichtiger ,als zu anderen ehrlich zu sein, ist es, ehrlich zu sich selbst zu sein. Und ich glaube, die allerwenigsten Menschen haben auf Dauer die Kraft, eine allzu aufgeplusterte Fassade aufrechtzuerhalten.

Jahrzehntelang haben Psychologen uns erzählt, dass die Lüge wesentlicher Bestandteil des menschlichen Miteinanders, ja sogar unverzichtbare Voraussetzung für das Fortbestehen des sozialen Gefüges sei. Dieses Axiom wird aber inzwischen mehr und mehr infrage gestellt. Auch im Coaching zeichnet sich gerade ein Paradigmenwechsel ab. Ein Konzept, das gerade in den USA Schule macht und auch in unseren Gefilden immer populärer wird, nennt sich „radical honesty“. Anhänger dieser These praktizieren, wie der Name bereits impliziert, maximale Ehrlichkeit und verachten schon die kleinste harmlose Notlüge. So ehrenwert das hehre Ziel der radikalen Ehrlichkeit als Handlungsmaxime auch sein mag, so realistisch muss man es aber auch betrachten. Es wäre naiv zu glauben, dass Ehrlichkeit nur Vorteile mit sich bringt. Martin Luther King hat mal gesagt: „Um Feinde zu bekommen, ist es nicht nötig, den Krieg zu erklären. Es reicht, wenn man einfach sagt, was man denkt."

Wer immer ehrlich ist, muss für Konflikte gewappnet sein und auch mit offener Ablehnung umgehen können. Dieses Buch gehört für mich in diese Kategorie und ich denke, auch Bernd Kiesewetter wird gewappnet sein müssen. Aber ich kenne ihn nun bereits ein paar Jahre und habe daher wenig Sorge, dass er nicht mit dem kräftigen Gegenwind und der sicher entstehenden Kritik umgehen könnte.

Ich glaube nicht, dass es besonders weise ist, alles, was man denkt, ungefiltert herauszuposaunen. Für dieses Dilemma hat aber möglicherweise vor fast dreihundert Jahren der französische Philosoph und Schriftsteller Voltaire bereits eine Antwort gefunden: Alles, was du sagst, sollte wahr sein. Aber nicht alles, was wahr ist, solltest du auch sagen. Konkret bedeutet das: Es ist in Ordnung, ja sogar notwendig, mit der Wahrheit manchmal hinter dem Berg zu halten. „Mensch Meier, lange nicht gesehen, du siehst aber alt aus" ist kein konstruktiver Beitrag zu irgendeiner relevanten Frage und obendrein verletzend. Wenn man mit bedingungsloser Aufrichtigkeit aber zu einer Klärung beitragen kann oder jemand kurz davor ist, eine absolut falsche Entscheidung zu treffen, kann man mit einer ausgesprochenen Wahrheit jemandem einen großen Dienst erweisen – selbst wenn er das in diesem Moment vielleicht noch nicht hören will.

Der beste Grund für Ehrlichkeit ist aber immer noch, dass es sich langfristig stressfreier lebt. Eine Lüge, Fassade, Schönfärberei, Täuschung oder einen Schwindel aufrechtzuerhalten, und das womöglich über viele Lebensjahre, ist ein gewaltiger emotionaler und kognitiver Kraftakt. Auch physiologisch kann lügen auf Dauer nicht gesundheitsfördernd sein. Nur deshalb funktionieren Lügendetektoren, weil sie Stresssymptome wie erhöhten Puls, gesteigerte Atemfrequenz und schnelleren Herzschlag messen können. Dieses konstante Täuschen, Beschönigen und Verbiegen der eigenen Identität ist vielleicht der größte Stressfaktor der modernen Gesellschaft. Das war zwar vor dreißig oder vierzig Jahren auch schon so, wird aber durch unser idealisiertes digitales Abbild und den gesellschaftlichen Druck noch befeuert. Wir leben in einem ständigen kompetitiven Klima und nötigen uns fortwährend selbst, damit Schritt zu halten. Jeder Aspekt des Alltags muss in den leuchtendsten Farben glänzen, die Profanität des Lebens wird schlicht ausgeblendet. Wir können anderen und eine Weile lang vielleicht auch uns selbst etwas vormachen, wenn wir uns verstellen. Eines aber können wir niemals täuschen: unser Unterbewusstsein. Tief in unserem Innern wissen wir immer, wenn wir die Unwahrheit sagen, und wenn wir das dauerhaft verdrängen, hat es irgendwann unweigerlich Konsequenzen. Entweder bricht das ganze Kartenhaus in sich zusammen, weil wir die ganzen Verstrickungen unseres eigenen Konstrukts nicht mehr im Griff haben, oder es stellen sich psychische und physische Symptome ein. Oder schlimmstenfalls beides.

Die Arbeit, und das galt noch nie zuvor so sehr wie heute, ist nicht nur des Menschen Existenzgrundlage, sondern auch Teil seiner Identität. Wenn wir uns bewusst werden, dass jeder Mensch in sich einen inneren Kompass hat, der den magnetischen Schwingungen falscher Lebensfragen widerstehen und uns auf unseren eigenen, selbstbestimmten

Weg führen kann, brauchen wir uns nicht länger vor anderen oder uns selbst zu verstellen. Wenn ich als Unternehmer vor der Frage stehe, ob ich vor einem Massenpublikum wie ein großer Zampano auftreten will, Floskeln aneinanderreihen und irgendwann ausbrennen möchte oder lieber vor einem kleineren, etwas exklusiveren Publikum, das mir aufrichtige Wertschätzung entgegenbringt, auftreten will, ist die Antwort schnell gefunden, wenn ich ehrlich in mich hineinhorche. Mit voranschreitendem Alter und der (wenigstens teilweise) damit einhergehenden Weisheit wird mir mehr und mehr bewusst: Ehrlichkeit bedeutet Freiheit. Die Freiheit, ich selbst zu sein und mich anderen zu erkennen zu geben. Die Freiheit, künstliche Distanzen zwischen meiner Umwelt und mir zu mindern, die Fassade der sozialen Erwünschtheit niederzureißen und echte Intimität und Offenheit zu schaffen, in der meine Mitmenschen und ich wachsen können. Die Freiheit, alles zu akzeptieren, was mich ausmacht – meine Liebenswürdigkeit und meine Egozentrik, meine Demut und meine Arroganz, meine Erfolge und mein Scheitern. Und wenn es gelingt, diese Ehrlichkeit auch nach außen zu tragen und anderen Menschen anzubieten, dann wird man vielleicht überrascht: Andere Menschen sind genauso unvollkommen, ambivalent und zerbrechlich wie man selbst. Es hat sie vielleicht nur noch nie jemand aufrichtig danach gefragt.

Ich bin froh, dass Bernd Kiesewetter als professionell agierender Insider den Schritt wagt, ein kritisches Buch zum heutigen Coachingmarkt zu veröffentlichen, denn er zeigt zwar brutal und hemmungslos die Schwachstellen auf, vergisst dabei aber eben auch nicht die Vorzüge und Vorteile zu erwähnen. Seit Jahren ruft er uns nun sehr deutlich und

immer wieder das Thema Verantwortung in Erinnerung, und so freut es mich umso mehr, dass er uns alle nun an unsere Verantwortung erinnert und mit seiner sympathischen, direkten Berliner Art die „Coaching-Lügen" verfasst hat und ich mit diesem Vorwort einen Teil dazu beitragen kann, die Coachingwelt ein kleines Stückchen besser zu machen.
Felix Maria Arnet – Experte für persönliches Wachstum

Felix Maria Arnet erzählt seine eigene Geschichte. Arnet, der trotz erheblicher Widerstände und Selbstzweifel stets durch seinen Mut den Sprung ins Unbekannte gewagt und so sein Glück ermöglicht hat. Persönliches Wachstum ist das Ergebnis von Erfolg und Schmerzen. Zum Experten für persönliches Wachstum wurde er durch das, was Felix Maria Arnet aus seinem Lebensweg gemacht hat. Durch erlebten Mut zum Risiko, grandioses Scheitern und große Erfolge. Er berät als Coach, mit systemischen Coaching-Ausbildungen auf höchstem Niveau, Unternehmen und Privatleute. Bis dato hat er vielzählig Organisationen und Leistungsträger begleitet, Fachartikel, Kolumnen und Pressethemen veröffentlicht sowie Dutzende Dozententätigkeiten und viele Trainings erfolgreich absolviert. Mit großer Leidenschaft steht der charismatische Redner und Autor heute auch auf der Bühne und begeistert sein Publikum.

1. Einleitung

„Wir sind verantwortlich dafür, dass es den Menschen durch unsere Arbeit besser geht."

Ich trete dafür ein, der Verantwortung, die unsere Arbeit mit sich bringt, ohne Wenn und Aber gerecht zu werden. Denn wir, die Berater, Coaches und Mentoren, tragen eine riesige Verantwortung: für andere. Für unsere Klienten, Coachees, Mentees, für unsere Kunden. Natürlich tragen wir sie nicht allein. Am Ende ist jeder für sich selbst verantwortlich. Doch wir haben eine große Mitverantwortung, für das Leben derer, die uns aufsuchen, insgesamt und dessen Qualität, aber auch für ihre Unternehmen und all die involvierten Mitarbeiter, Angehörigen, Partner und Kunden.

Denn wir sind die Ansprechpartner, wenn sie ein Problem lösen wollen, in einem Tief oder in einer Krise stecken oder sich in einer verzweifelten Lage befinden. Aber wir sind auch da, wenn sie ihre Visionen aufgreifen, ihre Ziele erreichen, sich ihre Wünsche und Träume erfüllen wollen – oder wenn sie sich genau dieser erst einmal wieder versichern müssen. Wenn sie Orientierung benötigen, eine neue Ausrichtung suchen, wenn sie Klarheit gewinnen, ihre Werte entdecken, einen Sinn finden oder neue Visionen schaffen wollen.

Dann sind wir die Hoffnungsträger, die den Weg möglich machen oder ihn zumindest erleichtern sollen. Das ist eine große Verantwortung! Wir sind Zuhörer, Freunde, Kritiker, Sparringspartner, Strategieberater, Trainer und noch vieles mehr. Deshalb müssen wir unseren Job gut machen, so gut wie möglich. Wir müssen uns selbst weiterbilden, immer besser werden, um unseren Kunden so besser helfen zu können.

Wir haben aber auch die Verantwortung, unseren Schützlingen reinen Wein einzuschenken, wenn wir das in ihrem Falle nicht leisten können oder nicht wissen, ob wir dies können. Wir dürfen nicht auf dem Rücken der Menschen unsere Studien betreiben oder uns selbstgerecht in Szene setzen, obwohl wir eigentlich keine Ahnung haben.

Wir sollten keine Business-Coaches sein, wenn wir selbst kein erfolgreiches Business führen können. Wir sollten anderen keine Finanzstrategien an die Hand geben, wenn wir im Grunde keine Ahnung von Geld haben. Aber am allerwichtigsten ist es, dass wir unsere eigenen Grenzen kennen und achten: Wir müssen einem Menschen mit Depressionen den Weg zum Therapeuten weisen und dürfen nicht glauben, wir hätten da eine bessere Idee, die es auszuprobieren gilt.

Wir sind verantwortlich dafür, dass es den Menschen dank unserer Arbeit besser geht!

Zugegeben, ein wenig plakativ ist der Titel dieses Buches schon. Bedenkt man, dass es vor allem genau darum geht, plakative und pauschale Aussagen zu kritisieren, stößt er sicher manch aufmerksamem Leser auf. Doch nutze diese Provokation bitte genau als das, was es ist: ein Beispiel dafür, dass Pauschalitäten keinem gerecht werden, sondern maximal für die Erregung von Aufmerksamkeit nützlich sind.

Aber um was genau geht es denn eigentlich in diesem Buch? Soll Coaching etwa eine Lüge sein? Oder gibt es eine Lüge um das Coaching? Oder wird im Coaching gelogen? Was ist mit „Coaching-Lügen“ gemeint?

Nun, einerseits geht es um die eine oder andere „Lüge“, die sich um die Tätigkeit des Coachings rankt. Andererseits geht es auch um Lügen im Coaching, die durch die immer weiter fortschreitende Vereinfachung an sich schon pauschaler Aussagen entstanden sind. Das Wort „Lüge“ mag etwas provokant erscheinen, ist aber im Gesamtkontext durchaus angebracht, wie du auf den folgenden Seiten feststellen wirst.

Aber lass dich durch den Titel trotzdem nicht in die Irre führen. Ich behaupte nicht einfach das Gegenteil dessen, was du bisher gehört hast. Und ich bin auch kein Aussteiger, der nun mit seiner ehemaligen Branche aufräumen will und alles in den Dreck zieht, was bis vor Kurzem für ihn selbst noch richtig war. So etwas mag gut zu vermarkten sein, käme für mich aber nicht infrage.

Ich bin schon sehr lange in diesem Bereich tätig und habe nicht vor, ihn zu verlassen. Ich mag das Coaching-Business, denn vieles daran ist sehr gut und hilfreich für die Menschen. Aber natürlich gibt es einiges zu verbessern. Mit diesem Buch will ich einen Beitrag dazu leisten.

Wie viele meiner Mitstreiter auch bin ich beflügelt von dem Gedanken, anderen Menschen in dem einen oder anderen Bereich Unterstützung angedeihen zu lassen und dabei zu helfen, ihr Leben und Wirken zu verbessern. Denn das größte Glück auf Erden besteht wohl darin, das Glück eines anderen zu vergrößern. Zumeist ist es damit verbunden, dass wir unser eigenes Glück zuvor bereits vergrößert haben und dann das eigene Wissen und die eigenen Erfahrungen darum weitergeben können.

Ich selbst hatte großes Glück, denn ich durfte unglaublich viel lernen, in den unterschiedlichsten Feldern. Ich konnte so viele Erfahrungen machen, wie es nur wenigen vergönnt ist. Weil die meisten Menschen klug genug waren, zahlreiche Dinge gar nicht anzugehen in dem Wissen, bereits an einem Bruchteil dessen zu zerbrechen. Ich habe diese Erfahrungen gemacht und überstanden – und bei manchen darf man wohl sagen: überlebt. Geschäftlich genauso wie persönlich.

Viele dieser Erfahrungen waren toll, manche weniger positiv und einige auch brutale Katastrophen. Aus allem konnte ich jedoch lernen. Aus allem musste ich lernen. Dies sind die Erfahrungen, die mir heute helfen, anderen zu helfen.

Natürlich konnte auch ich nicht jeden Fehler selbst machen, um Lehren daraus zu ziehen, und lernte auch einiges durch theoretische oder praxisorientierte Ausbildungen, anderes kam aus Büchern, Seminaren usw., wieder anderes durch die Beobachtung guter und weniger guter Vorbilder. Und ich genoss persönliche Beratungen, Coachings und Mentorings von anderen Lehrern, darunter einige wenige außergewöhnlich gute Lehrmeister und viele andere. Manches davon hat mich extrem weitergebracht, anderes überhaupt nicht, und einiges hat mich eher gebremst oder mir gar geschadet.

All meine Erfahrungen stammen aus der Praxis oder sind in der Praxis des Lebens von mir geprüft worden, und so musste ich manchmal nach vielen Jahren feststellen, dass die nüchterne Realität gelegentlich sehr weit entfernt ist von all den wohlklingenden Theorien. Das ist wohl auch einer der Gründe, warum ich heute genau dieses Wissen weitergeben will. Denn ich möchte anderen die gelegentlich sehr langen Irrwege ersparen, zu denen es aufgrund falscher Empfehlungen kommt.

Ich will aufräumen mit dem, was Menschen eher in die Irre führt und ihnen mehr schadet, als dass es ihnen etwas nutzt. Denn nicht alles, was sich gut anhört, ist auch gut. Und längst nicht alles, was gut gemeint ist, erweist sich als gut. Genau deshalb ist dieses Buch entstanden: Es soll aufzeigen, dass die Dinge grundsätzlich sehr differenziert betrachtet werden und wir mit pauschalen Aussagen sehr vorsichtig sein müssen.

Wir können mit Pauschalitäten niemandem etwas Gutes tun. Kalendersprüche eroberten zwar im Sturm die digitalen Medien, doch zogen damit eben auch die manchmal eher schädlichen, oft aber in jedem Fall leicht dümmlichen pauschalisierten Erfolgsweisheiten in das Universum von Facebook, Instagram und Co. ein – und machten auch nicht halt vor den Business-Netzwerken LinkedIn und Xing.

Dieses Buch räumt damit auf. Ich habe einige der weitverbreitetsten, immer wieder kursierenden Phrasen für dich ausgewählt, um dir ein Gefühl dafür zu geben, wie falsch Pauschalität sein kann und welch negative Auswirkungen daraus entstehen können. Den nötigen Humor dabei nicht zu verlieren, ist nicht immer ganz einfach, aber extrem wichtig. Deshalb bin ich sehr froh, dass die liebe Ulrike Parthen mir mit ihrem Witz bei der Betrachtung der Phrasen geholfen hat.

Denn es sind Lügen. Lügen, weil sie dir vormachen, allgemeingültig zu sein. Es sind Lügen, weil sie dir vortäuschen, immer richtig zu sein. Und genau das ist gefährlich, weil diese Lügen dir weismachen wollen, dass alles ganz einfach ist. Doch genau das ist gelogen. Denn sie sind nicht allgemeingültig, nicht immer richtig und auch nicht immer einfach.

Es muss aber auch gar nicht alles einfach sein, und genau in dieser Entwicklung der Erwartungen eben dorthin sehe ich ein großes Problem. Wir wollen alles einfach haben, lehnen damit aber den Prozess, die Learnings und die Übung ab und werden selbst immer einfacher, bequemer und weniger widerstandsfähig. „Verweichlichte Gesellschaft“ lautete mal ein Artikel von mir, der viel Beachtung fand und wohl den Kern dessen trifft.

Wir müssen stärker werden, um den heutigen Anforderungen zu entsprechen. Aber dafür müssen wir trainieren, denn die Welt wird nicht weicher. Muskeln wachsen nicht durch deren Nichtbenutzung, sondern durch den Widerstand. Und Resilienz entsteht nicht durch Widerstandsfreiheit.

Gefährliche Lügen sind es aber auch, weil sie an deinem Selbstwert kratzen. Weil du den Eindruck bekommen kannst, du selbst seiest zu dumm, diese doch an sich so einfachen Dinge umzusetzen.

Es sind „Coaching-Lügen“, weil sie, zumeist aus dem Mund oder der Feder wenig qualifizierter Coaches, den anvisierten Klient:innen vorspiegeln, dass Glück und Erfolg lediglich eine Frage einiger simpler Gesetzmäßigkeiten seien.

Doch dem ist keineswegs so. Echter Erfolg entsteht nicht durch die Anwendung einiger simpler Gesetzmäßigkeiten und ist auch nicht wirklich ein Ergebnis. Erfolg ist im Grunde genommen gar kein Ergebnis, sondern ein immerwährender Prozess. Denn auch wenn Erfolg im eigentlichen Sinne das Erreichen eines gewünschten Ziels und damit Ergebnisses ist, wird er im Allgemeinen doch eher als insgesamt gelungenes Leben betrachtet.

Auch heute noch vereinen sich in der Vorstellung von

einem erfolgreichen Menschen das berufliche Wirken sowie materieller Wohlstand und finanzieller Reichtum, aber mittlerweile eben auch Gesundheit und Vitalität, die Partnerschaft, genug Zeit für Hobbys und sich selbst zu haben usw. Echtes Lebensglück ist und bleibt sehr komplex.

Die Komplexität des Erfolges und des Lebens generell begreifen wir allerdings zumeist erst mit zunehmender Reife. Hier geht es weniger um Bildung und Theorie, sondern vielmehr um Erfahrung – um Lebenserfahrung.

Ich erlaube mir aus mehreren Gründen, meine Gedanken dazu mit dir zu teilen:

Ich kann dir aus mehr als 30 Jahren Unternehmertum berichten, mit unzähligen Problemen, Krisen und mehr als einer Pleite, aber eben auch mit herausragenden Erfolgen mit bis zu sieben Firmen in unterschiedlichsten Branchen und mehr als 150 Mitarbeitern gleichzeitig.

Ich weiß das alles nicht, weil ich so besonders schlau bin, sondern aus mehr als fünf Jahrzehnten Lebenserfahrung mit unzähligen Highlights, Siegen und Erfolgen, aber eben auch abgrundtiefen Niederlagen, Krisen und Schicksalsschlägen.

Ich habe unzählige Male erfahren, dass wir manchmal ganz einfach vorankommen, wenn das Glück uns hold ist – und andererseits eben auch mit kaum überwindbaren Widerständen umgehen müssen, auf die wir selbst keinen Einfluss haben. Wir machen Dummheiten, obwohl wir nicht dumm sind, und wir verletzen, obwohl wir die besten Absichten hatten.

Wir machen uns Gedanken und richten doch Schaden an, weil wir gedankenlos handeln.

Ich habe viele Fehler gemacht, obwohl ich es hätte besser wissen müssen, und durfte am eigenen Leib erkennen und lernen, dass wir eben nicht so einfach zu „führen“ sind, wie es immer heißt.

Ich habe zu viel und zu ungesund gegessen, zu viel Alkohol getrunken, geraucht und sogar Kokain bis zur finsteren Abhängigkeit genommen – all das, obwohl ich es immer hätte besser wissen müssen! Ich durfte erleben, wie einfach die größte Veränderung sein kann, aber auch, wie schwer wir uns mit den kleinsten von ihnen tun können.

Wir Menschen sind wunderbare Wesen und alles andere als einfach zu „bedienen“, wie es doch so manch schlauer Zeitgenosse meint. Nicht umsonst sind Neurowissenschaftler und Psychologen aller Art seit Jahrzehnten mit uns beschäftigt und erlangen immer wieder neue Erkenntnisse, was ein deutliches Indiz dafür sein dürfte, dass wir eben längst noch nicht alles wissen und so einfach funktionieren, wie es teils behauptet wird.

Ich weiß mittlerweile ziemlich viel. Nicht, weil ich so ein toller Hecht bin, sondern weil ich blind oder ein Trottel sein müsste, wenn ich es in den mehr als drei Jahrzehnten Erfahrung im Umgang mit anderen Menschen nicht bemerkt hätte. Aus Tausenden Beratungen, Coachings und Mentorings muss ja zwangsläufig etwas hängen bleiben, selbst wenn ich mir nicht so große Mühe gegeben hätte. Aber das habe ich, denn der Mensch, sein Denken und Verhalten haben mich immer interessiert und begeistert.

Ich habe Mitarbeiter ausgebildet, Verkäufer trainiert, Führungskräfte geschult, Unternehmer beraten, in übelsten Krisen, aber auch in Überfliegerzeiten gecoacht, Süchtige aus der Opferrolle gebracht, Musikern und Schauspielern Orientierung gegeben und Spitzensportler bis zum Weltmeistertitel begleitet. Aber ich habe vor allem auch viele

„ganz normale“ Menschen unterstützen dürfen, die ihrer Überforderung nicht mehr Herr wurden, neue Kräfte brauchten, ihre Ziele erreichen oder sich selbst ganz neu ausrichten wollten. Kein Mensch ist wie der andere – kein Fall ist wie der nächste.

Die Dinge sind selten einfach – und für den Betroffenen in seiner Situation schon gar nicht. Es gleicht einem Schlag ins Gesicht, wenn wir ihr oder ihm sagen, dass es doch ganz einfach sei … Für den Profisportler ist es nicht einfach, den Titel zu holen, für den Alkoholabhängigen nicht einfach, die Flasche zu ignorieren, für den Unternehmer nicht einfach, neue Umsätze zu generieren oder auch mal Mitarbeiter zu entlassen und so weiter.

Egal, wie viel Erfahrung ich besitze – oder ein anderer Berater, Coach oder Mentor besitzt –, wir haben das Leben unserer Klienten nicht gelebt, wir sollten uns also kein Urteil erlauben. Denn wir sind den Weg unseres Klienten nicht gegangen, wir kennen nur unseren eigenen Weg, und selbst auf dem bleibt uns vieles verborgen.

Wir Coaches brauchen deutlich mehr Demut, um unser Gegenüber wirklich zu sehen, zu hören und zu fühlen. Um bestmögliche Leistungen zu erbringen, braucht es aber vor allem sehr viel Empathie, Wissen und Erfahrung statt angeblich einfacher „Systeme“.

Um all diese vorgenannten „Lügen“ im Coaching geht es in diesem Buch. Es geht aber auch um die Lüge um das Geschäft des Coachings an sich, weil sie den angehenden oder den noch nicht so erfahrenen Coach glauben lassen, dass die Arbeit als Coach einzig und allein gute Seiten hat und ebenfalls ganz einfach ist. Doch auch das ist gelogen.

Es wurde ein Berufsbild kreiert, das den Menschen

vorgaukelt, dank eigener Erfahrung und durch die Befolgung einiger Weisheiten eine Tätigkeit ausüben zu können, die voller Erfüllung den ganzen Tag lang nur damit zu tun hat, mit Freude seine Berufung zu leben. Dass aber eine erfolgreiche Tätigkeit als Coach doch weit mehr erfordert, zumindest, wenn sie den Menschen wirklich einen Nutzen bringen und darüber hinaus auch für den eigenen Lebensunterhalt sorgen soll, wird meist verschwiegen.

Die Branche wird von zwei Extremen dominiert: Da sind die einen, die mit wenig Aufwand viel Geld verdienen wollen und hochpreisige Strategien verkaufen, und dann die anderen, denen das Wohl der Menschen am Herzen liegt und die sich im Grunde genommen um ihr eigenes Einkommen keine Gedanken machen. Die Bandbreite dazwischen ist groß, allerdings quantitativ nicht stark besetzt.

Die erste Gruppe nutzt mit starkem Marketing und unternehmerischem Auftreten den wachsenden Markt und nicht selten die geschäftliche Unbeholfenheit der zweiten Gruppe aus. Viele Coaches der zweiten Gruppe wiederum sind „Helfer". Sie sind durch eine oder mehrere persönliche Erfahrungen dazu animiert worden, ihre Erkenntnisse und Erfolgswege weiterzugeben. Das ist gut, denn als Klienten lieben wir diese Geschichten mit den verwundeten Helden und mögen ihre Reisen, wenn sie gut ausgehen. Doch damit allein ist eben noch kein guter Coach gewonnen, dies allein reicht nicht aus, um anderen Menschen wirklich eine Hilfe zu sein. Deshalb gehört auch mit dieser „Lüge" bezüglich des Jobs aufgeräumt.

Zu guter Letzt muss aber eines ganz deutlich gesagt werden: Ich bin weit davon entfernt, das Coaching entzaubern zu wollen. Und ich will deshalb auch nicht versäumen, auf all die positiven Seiten des Berufs und seiner Wirkung hinzuweisen. Ich liebe die Arbeit, halte dieses Business für sehr wertvoll und sehe, dass es in der Zukunft noch viel wichtiger werden wird. Bitte bedenke, dass die sehr kritische Betrachtung der „Coaching-Lügen" damit weder die Aussagen noch den Wert von Coaches generell infrage stellen soll. Es ist eben alles nur sehr viel differenzierter und individueller zu betrachten!

Die Kritik dient also weder der Abrechnung noch der Zerstörung, sondern zielt einzig darauf ab, die Betroffenen aller Seiten zu sensibilisieren und damit die Situation am Markt zu verbessern.

Und selbst wenn das Ganze aus deiner Perspektive etwas übertrieben kritisch erscheinen mag, dann liegt das wohl daran, dass in der Übertreibung auch die Kraft der Veranschaulichung liegt. Wir können die Dinge nur verbessern, wenn wir sie mit einer gewissen Deutlichkeit benennen.

Trotzdem liebe ich den Beruf und sogar den Berufsstand, wenn wir ihn so nennen wollen. Er ist durch und durch besetzt mit Menschen, die es gut mit anderen meinen. Er besteht aus Menschen, die ihre Erlebnisse nutzen, um anderen Leid zu ersparen und ihnen mehr Glück und Erfolg zu schenken. Diese Branche ist nicht nur getrieben von rücksichtsloser wirtschaftlicher Vorteilsnahme, Egoismus und Ellbogenmentalität, sondern auch ausgerichtet auf das Positive, auf die Wünsche und Vorstellungen des Einzelnen, auf persönliche und manchmal sogar gesellschaftliche Werte, auf nachhaltige Erfolge, die allen Menschen zugutekommen.

Und genau deshalb ist es, trotz der Kritik an einigen Inhalten und Vorstellungen, einer der schönsten Berufe überhaupt, wie man so schön sagt. Die Kritik ist eben auch deshalb so wichtig, weil dieser Beruf auch in Zukunft so wichtig bzw. immer wichtiger sein wird und deshalb rechtzeitig etwas für die Qualitätserhaltung und -steigerung getan werden muss.

Und dafür müssen wir uns als Erstes die Probleme und ihre Ursachen ansehen.

2. „Coaching nervt"

Leider sind wir an einem Punkt angekommen, an dem die gefühlte Wahrnehmung in der Öffentlichkeit zum Thema Coaching anscheinend nur noch negativ ist. Selbst die Gazetten schreiben mittlerweile alle halbe Jahre große Artikel über das Thema und zerreißen die Coaching-Welt dabei regelmäßig in der Luft. Sie mokieren sich über die Abläufe der Großveranstaltungen genauso wie über die fehlenden Ausbildungsstandards im Coaching.

Kommen wir als Erstes zum Kernproblem: Coaching nervt! Coaching nervt die Leute, und nicht, wie manche meinen, nur die Journalisten, sondern vor allem die Leser der Zeitungen. Denn für sie werden die Artikel geschrieben, und nur, was eine breite Rezeption finden kann, also den Leser interessiert, wird geschrieben. Journalisten haben ein gutes Gespür für die aktuellen Themen, und insofern können wir getrost davon ausgehen, dass die Menschen maximal genervt sind von all den Coaching-Phrasen. Sie sind aber nicht vom Coaching selbst genervt, sondern von dem ganzen Drumherum.

Ich habe mir die Mühe gemacht und sowohl innerhalb als auch außerhalb meiner persönlichen Kreise Menschen befragt, was ihnen spontan zum Thema Coaching einfalle. Zugegeben, es tat ein bisschen weh. Denn die einhellige Meinung war, dass die Präsenz und Vorgehensweise der Coaches, gerade in Social Media, dazu führt, dass ein Großteil der Menschen mit Coachings schon deshalb von vornherein gar nichts erst zu tun haben will, weil sie von der Art und Weise dessen genervt sind.

Sehr häufig bekam ich die Antwort, gefühlt sei für sie doch mittlerweile nahezu jeder ein Coach. Die Schwemme an neuen Coaches führt also schon dazu, dass die Menschen beim Wort „Coach" genervt sind.

Weiterhin stören sich viele Menschen an dem Selbstdarstellungsdrang der Beteiligten. Das inszenierte „Ich bin so toll – mach es wie ich, und werde wie ich!" wirkt auf kaum jemanden sympathisch und stößt bereits ab, bevor man sich mit der Person oder Inhalten näher beschäftigt.

Hinzu kommt noch die teils mehr als fragwürdige Qualität, die oft bereits in den ersten Zeilen eines Posts erkennbar und vielen Menschen ein Dorn im Auge ist. Früher gab es noch den Spruch: „Wer nichts wird, wird Wirt – und wem auch das nicht ist gelungen, der verkauft Versicherungen." Heute wird der Spruch erweitert um „Wer selbst nichts kann, coacht andere", und damit wird der Coach häufig quasi sogar noch hinter dem sprichwörtlichen Wirt und dem Versicherungsmakler eingeordnet.

Doch wie kommt das eigentlich? Eigentlich müsste es doch jeder begrüßen, einen Ansprechpartner an der Seite zu haben, der ihm bei der Realisierung seiner Ziele oder bei der Lösung seiner Probleme behilflich sein kann. Gerade in Zeiten, in denen der gesetzlich Versicherte in Berlin etwa sechs bis acht Monate auf einen Termin beim Therapeuten warten muss.

Doch genau darin liegt auch eines der Probleme. Auch heute noch ist es den Leuten peinlich und unangenehm, psychologische Hilfe in Anspruch nehmen zu müssen. Zudem will im Grunde genommen auch keiner von einem anderen gesagt bekommen, was er zu tun habe. Deshalb will nicht so recht jemand etwas vom Coaching wissen. Und wenn dann noch irgendwo Bullshit präsentiert wird, ist das Urteil schnell gefasst: „Coaching ist Blödsinn."

Warum das ganz und gar nicht so ist und sich mit dieser Haltung keiner einen Gefallen tut, betrachten wir in einem späteren Kapitel: „Warum ist Coaching so wichtig?"

„Ich kann meine Sachen allein machen", „Wer braucht schon so etwas?", „Wenn man so was benötigt, ist man nicht lebensfähig" waren noch die harmloseren Formulierungen, die mir begegneten.

Natürlich gibt es schon immer den Ansatz, dass wir uns nicht gern helfen lassen wollen. Weil wir damit die völlig falsche Vorstellung verbinden, selbst nicht in der Lage zu sein, Probleme zu lösen. Und auch wenn wir insgeheim wissen, dass die Aussage falsch ist, so spielt sie doch in unserem Denken eine nicht unwesentliche Rolle.

Das Problem wird zudem dadurch vergrößert, dass wir ständig einige sinnvolle und viele weniger sinnvolle Botschaften auf Facebook, Instagram und Co. vor unsere Augen gespült bekommen. Quotes sind ein absolutes Muss der Coaches geworden, und wir treffen auf sie nicht mehr nur hübsch aufbereitet in einigen Jahreskalendern oder Büchern, sondern einfach überall. Und so ist es eigentlich gar nicht verwunderlich, dass die meisten Menschen mittlerweile allergisch darauf reagieren.

Denn sie bekommen einfach viel zu oft diese Botschaften und viel zu viele davon. Bezeichnend, dass aus der Mittagstisch-Idee von Christopher Strutz ein großer Erfolg wurde. Er machte sich bereits einige Zeit über diese manchmal wirklich hanebüchenen Quotes lustig und legte schließlich auf Instagram ein Profil mit dem Namen „Business Lion" an, mit dem er den Anschein erweckt, selbst ein Coach zu sein, aber totalen Blödsinn postet. Er wollte eigentlich nur wissen, wie lange es braucht, bis jemand den „Schwindel" bemerkt. Nun hat er eine große Fangemeinde, die es feiert, dass endlich mal jemand etwas gegen die blödsinnigen Sprüche unternimmt und mittlerweile auch ein Buch dazu geschrieben hat.

Trotzdem sind diese Impulse auch bei vielen weiterhin sehr beliebt. Denn ein paar gute Gedanken kann in dieser anstrengenden Welt wohl jeder ganz gut gebrauchen. Ich kenne es von meinen Erfolgskicks im Radio. Natürlich werden sie nicht jeden Tag jedem Zuhörer gefallen, doch sehr viele Menschen mögen die Impulse und einige feiern sie sogar so sehr, dass sie sie fest in ihren Tagesablauf integrieren.

Was die Sache mit den Impulsen erschwert, ist die Tatsache, dass die Sprüche und Botschaften manchmal schon von 13- bis 20-jährigen Bubis als Lebensweisheiten gepostet werden. Nichts gegen die jungen und wilden Erfolgsstreber, aber ein jeder fragt sich natürlich, was ihm dieser Junge tatsächlich beibringen will und ob das stimmen kann, was er von sich gibt. Denn hier werden nicht selten Tipps von Reichtum auf allen Ebenen verbreitet, deren Wert im Kontext des Erfahrungsschatzes eines so jungen Menschen getrost bezweifelt werden darf.

Andererseits tun sich viele Menschen auch heute noch schwer damit, von Jüngeren etwas anzunehmen, was mir nicht besonders klug erscheint. Es ist wohl eher eine Sache des Egos, das sie daran hindert, in bestimmten Bereichen besser zu werden.

Denn unzweifelhaft gibt es immer wieder Sachverhalte, bei denen diese jungen Leute einfach gewandter sind, an die sie viel unvoreingenommener herangehen und damit manchmal ganz außergewöhnliche Ergebnisse erzielen. Nehmen wir das Beispiel des Online-Marketings. Kaum ein Älterer war daran beteiligt, die Vermarktungsstrategien im World Wide Web sind fast ausschließlich von jungen Leuten erschlossen worden, um dann heute endlich auch von den alten Hasen genutzt zu werden.

Ich erinnere mich gut, selbst manchmal sehr voreingenommen gewesen zu sein. Da waren diese 25-jährigen Typen, die ihren gebrauchten Lamborghini inszenierten und ihre Geschichte „Vom Fließbandarbeiter zum erfolgreichen Unternehmer“ posteten. Es hatte in meinen Augen nichts mit meinem Bild von einem Unternehmer zu tun, aber nach neuerer Definition wohl schon. Ich konnte und wollte ihnen offenbar die Geschichten ihres Reichtums nicht glauben.

Bis ich Gerald Hörhan, den „Investment Punk“, traf. Er war eher in meiner Alterskategorie einzuordnen als in ihrer und auch sonst in meinen Augen eher das, was echten Erfolg ausmacht. Investmentbanker, hatte in Harvard studiert, Unternehmer und mit extrem viel Leistungswillen und -einsatz auf der Überholspur unterwegs. Ausgerechnet er erzählte dann die Geschichte, wie erschüttert er gewesen sei, dass diese so viel jüngeren und weniger gebildeten Leute teilweise so viel mehr Geld verdienten als er – und er deshalb unbedingt herausfinden müsse, was sie wie machten.

Das war mein Weckruf, um die jungen Wilden endlich so weit ernst zu nehmen, dass ich von ihnen auch etwas annahm und mir von ihnen das abschauen wollte, was sie können. Die Haltung, sie zu ignorieren oder gar abzuwerten, weil sie unseren Überzeugungen nicht entsprechen, ist weder für uns selbst noch für andere hilfreich.

Aber im Nachhinein betrachtet führte auch das mit dem Online-Marketing zu einer kritischen Entwicklung im Bereich des Coachings.

Angefangen hat wohl alles mit den Fitness-Coaches, die bis heute mit immer neuen Methoden und Mitteln ihre Fans in ihre Programme ziehen. Ziemlich skurril wurde es für mich, als ich selbst einmal nach einem Boxtrainer in meiner Region Ausschau hielt. Ich suchte ganz konkret etwas vor Ort, um 1:1 zu trainieren. Angebote kamen trotz der deutlichen Aussage zu 99 Prozent für Online-Betreuungen. Auf die Frage, wie ich den Boxsack der Trainer digital nutzen kann, habe ich bis heute keine Antwort gefunden.

Doch richtig schrill wurde es dann mit dem Online-Marketing generell: mit Firmen und Personen, die anderen zeigten, wie sie ihre Produkte und Dienstleistungen skalieren können. Auch hier ist das bis heute wohl das Nonplusultra geblieben: skalieren.

Was bedeutet das nun aber? Letztlich geht es einfach nur darum, die Anzahl der Werte zu erhöhen, also das Geschäft auf einer Skala messbar und planbar wachsen zu lassen. Doch wie erweitert man die 1:1-Dienstleistung eines Fitness-Gurus? Richtig, man bietet Gruppenkurse an! Unter der Tarnung des individuellen Trainings wurden kleine Gruppen gebildet – so hat man mehr zahlende Teilnehmer. An sich gar nicht schlimm, denn natürlich ist es nicht immer notwendig, einen Personal Trainer bzw. Einzeltrainer zu haben. Vieles ist in der Gemeinschaft sogar schöner.

Aber Vorsicht: Natürlich ist das Training mit fünf anderen Teilnehmern eben nur noch 1/6 so individuell.

Im nächsten Wachstumsschritt war dieses Potenzial nun aber ausgeschöpft, also musste man sich etwas Neues einfallen lassen. Doch auch das war noch einfach: Die Gruppen wurden einfach größer. Da der Preis stabil blieb, war der Umsatz schnell gesteigert und ein weiteres Geschäftsmodell mit rasanter Entwicklung geschaffen. Die Gruppe von 3 bis 6 Leuten wuchs einfach auf 15 bis 20 Teilnehmer an.

Im nächsten Step wurde es dann aber doch abgedreht. Die Preise wurden erhöht, ohne den Wert zu verändern. Das neue Marketing-Instrument hieß „Hochpreisblabla". Inhalt egal, Hauptsache teuer. Teuer als Marke. Kann man machen, muss man aber nicht. So wurde die gefühlte Qualität immer schlechter, und die Systeme wurden immer bedenklicher.

Im Coaching und Speaking gibt es seit einigen Jahren auch eine Tendenz zum Female Business. Da die Damen der Schöpfung, vor allem auch in ihrer Karriereentwicklung, lange vernachlässigt wurden, ein gefundenes Fressen für alle Anbieter. Sie brauchten den Ladys nur einfache und schnelle Besserung zu versprechen, an den neuen Zeitgeist zu appellieren – und schon war die Kundschaft kaufbereit.

Manche Anbieter machten es sich sogar so leicht, dass sie ein regelrechtes Schneeballsystem entwickelten, ohne sich dessen immer selbst bewusst zu sein. Ich denke da an eine Bekanntschaft, die aus ihrem konservativen Leben ausbrechen wollte und selbst Veranstaltungen zu der Thematik besuchte und Coachings buchte. Das Business-Modell war und ist bis heute so einfach und richtig klingend wie in der Umsetzung falsch: „Mache andere erfolgreich, und du wirst selbst erfolgreich …"

Dieses Prinzip kann funktionieren. Es ist aber erstens kein Muss für den Erfolg, zweitens kein eigenes Business, und drittens sollte die Auslegung des Begriffs „Erfolg“ genauer untersucht werden.

Im Fall dieser Bekannten wurde einfach nur ein hoher Geldbetrag von anderen Frauen genommen, denen man in Aussicht stellte, durch die Investition ein erfolgreiches Business zu starten. Um schön, reich und glücklich zu werden. Die Investition eröffnete die Welt des „Erfolgsmodells“, welches wiederum daraus bestand, anderen zu zeigen, wie man durch eine solche Investition erfolgreich im Sinne von „reich“ und „glücklich“ wird.

Die Strategien dahinter waren ein bisschen Facebook-Werbung, gemischt mit Mindset-Optimierung, sodass man beruhigt von einer Art Pilotenspiel bzw. Schneeballsystem ausgehen darf. Allerdings nur mit einer einzigen Stufe – für die Kenner der Systeme. Denn von jedem weiteren „Nachzögling“ profitierten sie nicht, höchstens in dem Fall, dass ihr Proband noch einmal etwas kaufte.

Seine Investition bekommt derjenige also zurück, der andere begeistert, es ihm gleichzutun. Und wenn er genug Leute findet, dann verdient er außerordentlich gut. Dabei ist es eigentlich völlig egal, was das eigentliche Geschäft ist, denn es geht prinzipiell um den vorgenannten Ablauf.

Mal angenommen, du bezahlst 50.000 Euro. Ja, das sind die normalen Beträge in dieser Szene! Damit geht es schon los, denn natürlich darf ein Geschäft auch ein Anfangskapital von 50.000 Euro erfordern, aber hier handelte es sich weder um ein echtes Geschäft noch um erfahrene Selbstständige oder ausgebildete Betriebswirte – hier ging es um Krankenschwestern, die die Schnauze voll hatten von ihrem Job, oder Hausfrauen, die den Wiedereinstieg ins Berufsleben anstrebten.

Entweder investierten die Betroffenen ihr Erspartes, beliehen ihre Häuser oder nahmen einen sonstigen Kredit auf. Nicht selten begannen die Damen ihr neues Leben auch mit dem Geld aus der Scheidung bzw. Trennung, und im besten aller Fälle hatten sie es aus dem gemeinsamen Familienvermögen, weil der Mann froh war, dass seine Frau endlich eine Aufgabe gefunden hatte.

Dann konnten sie ihre Dienstleistung z. B. für 15.000 Euro anbieten und waren schon bei der vierten Person im Plus. Rein theoretisch natürlich nur, denn etwas Geld benötigten sie auch für die Facebook-Werbung. Und davon übrigens nicht zu knapp, denn sie brauchten auch weiterhin neue Kunden, wenn das Ganze auch noch ein regelmäßiges Einkommen generieren sollte. Du merkst selbst, da steckt ziemlich viel Getue und eher wenig Geschäft dahinter.

Auch wenn es selbstverständlich andere Anbieter gab und gibt, die wirklich Leistungen erbringen: Wenn du heute immer noch auf diese Hurraschreier-Modelle triffst, dann prüfe doch bitte einfach mal genau, welche Leistungen du dafür bekommst.

Deshalb auch die Bemerkung, dass die Investition im besten Fall aus dem gemeinsamen Vermögen kommt, denn dann ist die Wahrscheinlichkeit eines wirtschaftlichen Ruins nicht ganz so groß. Es ist ein Drama, und ich möchte, ehrlich gesagt, nicht wissen, wie viele arme Seelen dabei auf der Strecke geblieben sind, weil sie alles, was sie hatten, und noch mehr investierten …

Die zweite Verlockung der Frauen im Business war und ist der Speakermarkt, also der Bereich der Coaches, die auch als Vortragsredner:innen agieren wollen. Selbstverständlich gibt es Frauen, die wirklich etwas zu sagen haben. Und natürlich gibt es fesselnde Themen, sowohl aus den geschäftlichen als auch aus den privaten Bereichen, über die andere Menschen etwas hören wollen. Aber es finden sich eben auch einige Anbieter, die den Damen einfach erzählen, was sie hören wollen: wie sehr Frauen auf der Bühne gebraucht würden, wie toll sie seien und wie wertvoll ihr Thema anmute! Um einfach nur ihre eigene Dienstleistung oder Ausbildung zu verkaufen! Dass aber das jeweilige Thema, offen gesprochen, auf dieser Welt so ziemlich niemanden interessiert, wird geflissentlich verschwiegen.

Eine ganze Veranstaltungsszene, nicht nur von Frauen und mit Blick auf deren Female-Kongresse, hat sich um dieses Geschäftsmodell gebildet, die sich gegenseitig pusht und feiert, was den Anbietern durchaus gegönnt sei. Problematisch ist nur, dass kein zahlender Kunde jemals so ein Event besuchen würde. Kein zahlungskräftiges Unternehmen kommt auf solche Events. Die Veranstaltungen leben also wiederum von den teilnehmenden Vortragsrednern, die einmal mehr ihr eigenes Geld mitbringen.

Und dann gibt es da ja noch die Massen-Events. Hier werden nach amerikanischem Vorbild große Hallen mit erfolgshungrigen Menschen gefüllt, die ein paar Ideen und Strategien zu einem erfolgreichen und glücklichen Leben vermittelt bekommen. Zentrale Botschaft jeder Veranstaltung ist es, sein Leben selbst in die Hand zu nehmen, die Verantwortung dafür zu übernehmen und alles Notwendige zu tun, um es zu verbessern.

Diese Events leben von ihrer Energie, die durch die Massen an Menschen, die etwas erreichen wollen, schon fast von allein entsteht, aber auch durch jede Menge motivierender

Botschaften dank lebendiger Geschichten, viel Musik und Bewegung.

Ich gebe zu, ein Fan dieser Events zu sein, wenn sie denn gut gemacht sind. Warum? Weil sie so eine faszinierende Kraft haben und uns Teilnehmer tatsächlich in wenigen Stunden die Akkus aufladen lassen. Ich vergleiche es immer mit einem guten Rockkonzert – nur eben mit ein paar guten Impulsen für den Kopf und in Gesellschaft Gleichgesinnter, die sich das Hirn nicht mit Alkohol und Drogen vernebeln, sondern wirklich auf die Verbesserung ihres Daseins aus sind und etwas dafür tun wollen.

Ich habe wenige, aber dafür tolle Kontakte fürs Leben aus diesen Veranstaltungen gewonnen, und je nach Veranstalter weiß man auch immer schon ein bisschen etwas über die Werteorientierung der Teilnehmer.

Natürlich ist mir bewusst, dass dieses eine Seminar allein kaum mein ganzes Leben verbessern kann. Aber es vermag mir Kraft zu geben und Anregungen zu vermitteln. Und manchmal ist es dieser eine Satz in einem völlig anderen Kontext, der den Ausschlag für einen positiven Richtungswechsel gibt.

Ich weiß aber auch, dass selbst in diesem Fall die Nachbearbeitung wichtig und sogar unersetzlich ist. Meine Empfehlung ist daher immer, diese Seminare mit anschließenden Seminaren oder Coachings zu kombinieren. Damit sind sie einerseits im Moment gute Impulse und Motivationskicks, verpuffen aber andererseits nicht einfach nach ein paar Tagen oder Wochen, weil die Umsetzung fehlt oder in der Praxis nicht so einfach ist wie geplant.

Natürlich gibt es auch einige große Probleme mit diesen Events: Sie leben ein bisschen vom nervigen Guru-Status der Auftretenden, werden als Weiterbildung und Nonplusultra zum Thema „erfolgreich werden" verkauft und genutzt, um den Teilnehmern in ihrer euphorischen Stimmung die nächsten Produkte und Dienstleistungen zu verkaufen. Zudem sind bei Weitem nicht alle von glänzender Qualität.

Doch der Reihe nach. In den USA ist die Speakerszene eine über lange Zeit gewachsene Struktur, die aus vielerlei Gründen Sinn ergab und ergibt. Amerika hat sich selbst schon immer die Rolle des Landes mit den unbegrenzten Möglichkeiten auf die Fahne geschrieben, und insofern sind die Vorträge und Motivationsreden ein Instrument, das die Menschen für ihre Lebensführung brauchen. Es ruft ihnen immer wieder ihre Eigenverantwortung in Erinnerung und hilft ihnen, dranzubleiben oder aus Tälern wieder rauszukommen. Sie brauchen diese Motivation, um zu überleben.

In den USA gab und gibt es auch heute noch nur wenige soziale Absicherungen. Die Menschen sind auf sich allein gestellt, auf ihre Leistungsfähigkeit und auf ihre sich daraus hoffentlich ergebenden Erfolge. Wer danebengreift, verliert schnell alles, und jeder ist dazu verdammt, aus seinen Krisen selbst wieder rauszukommen. Wer es nicht schafft, ist tot, zumindest wirtschaftlich und gesellschaftlich.

Was hierzulande immer so sehr gepriesen wird, dass nämlich die Menschen dort ihre Pleiten in ihren Lebensläufen eher feiern als beschämend verstecken, hat einen ganz einfachen Hintergrund: Es zeichnet sie natürlich wirklich aus, diese Phase irgendwie bewältigt zu haben, aber sie sind andererseits auch viel schneller von Misserfolg betroffen.

Es gab weder auf dem Weg in die Krise noch in der Krise selbst oder auf dem Weg aus der Krise irgendeine Unterstützung für sie. Das ist ein Teil der amerikanischen

Kultur, des „Selfmade“ – und daher mit Deutschland auch überhaupt nicht vergleichbar. Wir haben hierzulande sogar soziale Sicherungen, wenn du nicht mehr willst. Vielleicht ist es gelegentlich ein bisschen zu viel des Guten, aber ob wir deshalb mit einem System tauschen wollen, welches so gut wie keine Sicherung bietet, scheint mir nicht wirklich eine ernsthafte Frage zu sein.

Der Amerikaner braucht also den Motivationsredner, der ihm seine Geschichte erzählt, der ihn mit auf seine Heldenreisen nimmt, um sich selbst zu motivieren und zu überleben. Aber brauchen wir Deutsche das auch? Nein, natürlich nicht!

Wir werden auch ohne Heldenreise überleben, vielleicht nicht so schön leben, aber vielleicht trotzdem annehmbar und halbwegs menschenwürdig. Doch die Schere zwischen Arm und Reich wird auch hier immer größer, Armut vermehrt sich rasant, und die Aussichten verheißen keine Besserung. Was heute noch nur für einige wenige Erfolgssuchende und an ihrer Entwicklung Interessierte ist, Menschen, die ihre Selbstwirksamkeit erhöhen und ihr Leben noch weiter verbessern wollen ist, könnte schon bald auch hierzulande ein elementar wichtiger Bereich werden.

Gegenwärtig aber nervt den Deutschen noch der sich selbst und seinen Erfolg darstellende Guru, der mit breit ausgestreckten Armen der tosenden Menge zujubelt. Noch empfindet der gut verdienende Deutsche es als befremdlich, in die Masse einzutauchen, um sich selbst zu motivieren. Und in der Tat gibt es gute Gründe, warum manche Großveranstaltungen in Deutschland noch auf Staubsaugervertreter-Niveau stattfinden.

Ich erinnere mich an ein 2-Tages-Seminar eines der ganz großen Anbieter, das ich mit meinem damaligen

Geschäftsführer und meinem zu der Zeit 15-jährigen Sohn besuchte. Schon lange war ich kein Freund seiner Selbstinszenierung mehr, wusste aber um die Qualität der Botschaften und wollte es den beiden ermöglichen, mal eine solche Veranstaltung zu besuchen.

Perfekt inszeniert wurde in der abgedunkelten Halle mit etwa 2000 Teilnehmern ein Filmausschnitt gezeigt. Der Ausschnitt war aus einem Film und betraf eine Footballmannschaft, bei der der Trainer durch eine Übung einen Sportler über sich hinauswachsen ließ. Es ging um die Botschaft der inneren Haltung, der mentalen Stärke. Dieser Ausschnitt war wirklich bewegend, und zum Ende war die Halle erfüllt mit einem Gänsehaut-Moment.

Doch dann geschah etwas Unfassbares. Der Veranstalter wurde in der dunklen Halle auf der Bühne mit einem Spot angestrahlt, riss die Arme empor und schrie: „Und so lebe ich!" Er zerstörte diesen wunderbaren Moment mit seiner Selbstgerechtigkeit, und selbst mein jugendlicher Sohn drehte sich entsetzt zu mir und fragte nur: „Nicht sein Ernst, oder?"

Zu guter Letzt stellte er dann noch sein Engagement für Schulen in Afrika dar und präsentierte uns Bilder dessen. Aber auch hier war mein Entsetzen groß, als ich sein Konterfei im Anzug mit rotem Einstecktuch an einer afrikanischen Bushaltestelle entdecken musste. Leider symbolisch für die selbstgerechte deutsche Speakerszene.

Sehr häufig geht es dabei viel mehr um Selbstdarstellung und Kundengewinnung als darum, bereichernde Momente für die Teilnehmer zu kreieren, die zukünftige Kunden entstehen lassen könnten. Auch hier sehen wir ein generelles Problem.

Die Auftaktveranstaltungen sind mittlerweile so billig und die Tickets werden zum Großteil sogar verschenkt, sodass der Seminarveranstalter Geld mitbringen muss, um sie durchzuführen. Die logische Konsequenz daraus ist, dass er gezwungen ist, neue Produkte und Dienstleistungen zu verkaufen. Und so verkommt die Qualität der Veranstaltungen nach und nach.

Ich durfte in einer Verhandlung mit dem Anbieter Groupon entdecken, dass er als Grundvoraussetzung, um meine Tickets zu listen, einen außerordentlichen Nachlass von mindestens 75 Prozent verlangte.

Meinen Hinweis, dass ich die Veranstaltung als guter Unternehmer nicht von vornherein mit Minus kalkulieren könne, konterten sie mit dem Beispiel eines großen Veranstalters, der noch viel größere Nachlässe gab. Mit spitzem Stift wurde mir klar, dass ihm nach Anmietung der Location, der Technik und allem Drum und Dran ein richtig fettes Minus entstehen musste, und mir wurde dann auch klar, warum dort so aggressiv verkauft wurde …

Zudem wurde offenbar, warum dort Produkte und Dienstleistungen in meinen Augen völlig überteuert verkauft wurden. Ein weiteres selbst geschaffenes Problem der Branche ist also der durch den Preiskampf entstandene Wettbewerb, und anstatt aus den warnenden Beispielen der Elektromärkte zu lernen und lieber neue Zielgruppen mit besserer Qualität zu erschließen, konzentrieren sich die Anbieter auf die einfach zu erreichenden Kunden und quetschen sie förmlich aus. Der Ruf dieser Großveranstaltungen ist dementsprechend.

Ein Indiz hierfür ist ein weiterer Großveranstalter, der mittlerweile anderen Seminaranbietern beibringt, wie sie ihre Veranstaltung zu gestalten haben, und dabei ohne jede Zurückhaltung von der Macht der geschlossenen Räume spricht. Er weist auf den psychologischen Vorteil des Veranstalters hin, der aus bestimmten Instrumenten bestehe und die Teilnehmer so in Begeisterung versetze, dass diese schlussendlich eine weitere Kaufentscheidung träfen.

Abgesehen von dem nächsten Problem, dass die Anbieter lieber neuen Anbietern eine glänzende Zukunft versprechen, als neue Kundschaft zu kreieren, wird der Teilnehmer einfach verkaufstechnisch ausgetrickst, denn er ist psychologisch ohnehin im Nachteil, und der Veranstalter bestimmt auch durch genaue Vorbereitung die Gefühle der Teilnehmer.

Ob das langfristig gut gehen kann? Sicher nicht, denn viele Buchungen werden bereut, können eigentlich nicht bezahlt werden, und die praktische Umsetzung wird niemals erfolgen, weil der ursprüngliche Anbieter ja nicht einmal selbst für genug Kunden sorgen konnte.

Es ist ein Problem, dass wir auch bei den Coaches generell finden können. Der Coach merkt mit den Jahren, wie schwer das Geld mit seinem Geschäft zu verdienen ist, und sattelt lieber darauf um, anderen beizubringen, Coach zu werden, indem er ihnen zeigt, welch toller Job mit großartigem Verdienst dieses Business ist. Blöd nur, dass er es selbst oft nicht geschafft hat, ein echtes Geschäft daraus zu machen.

Dieses Verhalten ist leider kein Einzelfall, sondern eine generelle Tendenz. Die Anbieter im Coaching-Markt versprechen angesichts ihrer Ausbildung, ein tolles Coaching-Business aufbauen zu können. Und der Markt ist voll von Menschen, die anderen etwas Gutes tun, ihre eigenen Erfahrungen weitergeben möchten und mit einer sinnvollen Tätigkeit ein Geschäft aufbauen wollen, bei dem sie keine riesigen Investitionen bzw. Vorfinanzierungen tätigen müssen. Leider stellen die meisten Teilnehmer irgendwann fest, dass aber auch eine nebenberufliche Ausübung nicht nur reines Hobby, sondern auch profitabel sein sollte.

Die Kalkulation mit Steuern, Mieten, Werbung und Co. werden allerdings selten zu Ende gerechnet, und so merken viele erst nach einigen Jahren, dass dieses Geschäft für sie dann doch kein Geschäft war.

Bis dahin folgten sie den Empfehlungen der Online-Marketingspezialisten, die ihnen das Blaue vom Himmel versprachen. Lange hieß es, sie müssten eigentlich nur den für sie passenden Kunden-Avatar (den ideal zu ihnen passenden Kunden) finden, dann laufe der Rest von ganz allein. Und so wurden die Werbeanzeigen immer mehr – und zwangsläufig immer weniger wirksam angesichts des sich rasant intensivierenden Wettbewerbs.

Im nächsten Schritt gab es immer neue Empfehlungen für die unterschiedlichen Portale. Mal sollten auf Facebook Live-Videos besonders wirksam sein, mal war es ein besonders schicker Feed bei Instagram, mal dieser Beitrag, mal jene Story, mal dieses Bild und mal jenes Video. Natürlich verändern sich die Algorithmen bei den jeweiligen Anbietern ständig, doch die permanenten Neuausrichtungen wirkten eher verzweifelt denn professionell.

Noch einfacher als die Suche nach Coaches statt Kunden generell war die Suche für die Anbieter im Speakermarkt, die nicht mehr nach Auftritten Ausschau hielten, sondern nach Menschen, die auftreten wollten. Hier werden Menschen auch heute noch damit geködert, auf der Bühne stehen und damit eine Menge Geld verdienen zu können. Dies allein ist für die meisten Speaking-Anwärter schon so vielversprechend, dass jede nur irgendwie zahlbare Summe in die „Ausbildung" gesteckt wird. Und wenn ihnen dann noch jemand versichert, genau ihre Story oder Persönlichkeit sei toll, dann ist anscheinend jeder kritische Gedanke auf einen Schlag weg.

Doch die Anbieter haben noch viel mehr auf Lager. Da werden Sprecheragenturen, professionelle Fotos, Videos von Auftritten, Podcast-Interviews, Ghostwriter, Buchagenten und Verlage, Storyteller, Online-Marketer, PR-Agenturen und vieles mehr gleich mit vermittelt, und ein riesiges Portfolio an weiteren Dienstleistungen wird verkauft.

Was meinst du, wie viele Speaker tatsächlich am Ende als solche arbeiten bzw. Aufträge bekommen? Ich glaube heute felsenfest, diejenigen, die es schaffen, hätten es wohl auch ohne diese Veranstaltungen geschafft!

Es ist ein recht schwieriger Markt, der natürlich in der Corona-Zeit gar nicht stattfand und auch sonst eher selten die so angepriesenen Gagen einbringt. Und am Ende ist das Leben derjenigen, die es schaffen, von ihren Vorträgen wirklich auch gut zu leben, meist weit weniger glamourös als gedacht. Mit anderen Worten: Die Branche hat es leider versäumt, eine Balance zu finden, und sich mit dem Übermaß an Marketing und der Überflutung mit neuen Coaches keinen Gefallen getan.

Natürlich gibt es auch eine Gruppe von Interessierten, die dem Coaching sehr positiv gegenübersteht – sonst würde es diesen Milliardenmarkt nicht geben. Aber die eher zurückhaltenden „Noch-nicht-Interessenten", die als Zielgruppe mit einem guten Augenmaß an Marketing und Inhalt erschlossen werden und diese Dienste auch wirklich gut gebrauchen könnten, sind leider durch dieses Gebaren erst einmal verschreckt worden. Zu viel Gedöns und Selbstbeweihräucherung nerven die Leute einfach.

3. Probleme und Ursachen

Problem Nr. 1: Jeder will Coach sein.

Das hat im Wesentlichen zwei Gründe:

Zum einen helfen Menschen anderen Menschen wirklich gern. Es klingt verrückt, aber es ist tatsächlich wahr. Natürlich nicht wirklich jeder, aber die allermeisten Menschen sind beseelt von der Vorstellung, anderen Menschen helfen zu können. Und in der Tat, das Gefühl des Gebens versprüht bei den meisten Menschen mehr Glück, als wenn man etwas bekommt.

Der Mensch und seine Absichten sind also gar nicht so schlecht, wie man immer denken könnte, denn tatsächlich habe ich noch nie jemanden erlebt, der sich nicht darüber gefreut hätte, einem anderen geholfen zu haben. Wenn die- oder derjenige es dann auch noch anerkennt oder sich gar dankbar zeigt, ist die Hilfe obendrein noch versüßt.

Doch auch die anderen, denen der Dank ihrer Empfänger nicht so wichtig erscheint, können sich an ihrer Unterstützung vor allem durch das eigene Schulterklopfen vor dem Spiegel erfreuen. Es gibt ihnen die Möglichkeit, sich selbst anzuerkennen und wertzuschätzen. Beides ist völlig in Ordnung, denn am Ende zählen nicht der Beweggrund und die jeweilige Motivation, sondern die Hilfe und Unterstützung.

Ein bisschen schwierig wird es für die Erstgenannten, wenn ihnen die Anerkennung allerdings verwehrt bleibt. Dann werden die Klienten schon mal als undankbar bezeichnet, obwohl sie für ihre Leistung bezahlt haben. Gab es einen Nachlass beim Preis, so hat der jeweilige Coach ihn akzeptiert, insofern gilt die Beschwerde darüber ebenfalls nicht, denn oft gibt es diesen Nachlass eben auch nur, weil der Coach selbst seinen Preis für zu hoch hält.

Für mich gehört auch dieses leider weitverbreitete Syndrom der Beschwerde über den Undank von Klienten zu den unprofessionellen und absolut falschen Vorgehensweisen. Spätestens sie lässt den Unterschied zwischen dem Profi und allen anderen erkennen.

Die zweite Motivation der Menschen ist die, dass sie ihre eigene Geschichte erzählen möchten. Sie wollen Anerkennung und Beifall für ihre Leistung, Applaus für ihren Weg, sie wollen Bedeutung erlangen. Oft ist es so, dass jemand bestimmte – aus seiner Sicht große – Herausforderungen in seinem Leben zu bewältigen hatte, dafür einen Weg fand und diesen Erfolg nun gern weitergeben möchte.

Diese Erfahrungen und Erlebnisse sind vielschichtig; angefangen von einer schwierigen Kindheit bis zur Bewältigung der eigenen Lebenskrisen ist alles dabei. Da sind lieblose Mütter genauso Anlass wie Schicksalsschläge, Todesfälle, Krankheiten, Pleiten, Pech und andere Pannen. Ein verständlicher Gedanke und eine gute Absicht, diese Erfahrungen weitergeben zu wollen, wenn man selbst eine Möglichkeit der Bewältigung all dessen gefunden hat.

Dieser Weg funktioniert aber natürlich nicht genauso bei allen anderen Menschen, denn jeder ist anders, hat seine eigene Geschichte erlebt, seine eigenen Erfahrungen gemacht, eigene Denkmuster, Antriebskräfte und Verhaltensweisen entwickelt. Und so wird manchem dann ein Lösungsvorschlag unterbreitet, der für ihn gar keine Lösung darstellt.

Häufig beginnen genau diese Menschen angesichts ihres eigenen Schicksals den Weg als Coach einzuschlagen, können aber problematischerweise nichts anderes von dem, was wirklich wichtig ist. Ihnen fehlt noch vieles in dem Business, und da sie nicht selten auch wenig bis keine betriebswirtschaftlichen oder unternehmerischen Qualitäten mitbringen, bleibt es jahrelang bei den roten Zahlen oder einer schwarzen Null.

Dennoch ist der Wunsch, zu helfen und damit den eigenen Erfolg zu kreieren, so groß, dass sie nicht aufgeben. Und so sind sie nicht selten für Jahre und Jahrzehnte als Coach im Nebenberuf gute Kunden von den großen Erfolg versprechenden Anbietern fragwürdiger Ausbildungen, automatisierter Kundengewinnung und vielem mehr. Die Qualität der Coaches und damit die Wahrnehmung der Beteiligten und ihrer Tätigkeit wird damit in der Breite allerdings ebenfalls immer fragwürdiger, denn eines lernen sie leider nicht dabei: besser zu arbeiten!

Problem Nr. 2: Jeder kann Coach sein.

Es stimmt tatsächlich: Jeder kann als Coach arbeiten. Jede und jeder kann sich den Begriff „Coach“ hinter seinen Namen auf eine Visitenkarte schreiben, ein Gewerbe anmelden – und los geht es. Es braucht weder eine Ausbildung für die

Tätigkeit noch überhaupt irgendeine Ausbildung. Es braucht rein gar nichts dafür.

Das hat den riesigen Nachteil, dass Leute als Berater, Coaches oder Mentoren unterwegs sind, die nicht einmal den Unterschied zwischen dem einen und dem anderen kennen.

Aber es hat auch Vorteile, denn wir werden mit den rasant steigenden Anforderungen des Lebens und den dramatisch zunehmenden Verunsicherungen so viele Coaches und Unterstützer aller Arten brauchen, wie es heute noch kaum vorstellbar scheint. Wir benötigen Helfer in allen Bereichen. Schon heute brauchen wir neben den Business-Coaches, die den Unternehmern helfen, ihr Geschäft zu führen, den Managern Unterstützung bei ihrer Führungsaufgabe bieten, den Verkäufern das zeitgemäße Verkaufen beibringen, den Servicekräften zur Freundlichkeit oder auch allen anderen zur besseren Kommunikation verhelfen, auch die Coaches, die anderen zeigen, wie man seine Einnahmen und Ausgaben verwaltet, wie man eine Bewerbung schreibt und mit einem Arbeitgeber spricht, was gute Manieren sind, wie man sich angemessen für welchen Anlass kleidet, wie man sich gesund ernährt, wie man seine Süchte loswird, wie man sich gegen Mobbing und Stalking wehrt, wie man als Opfer von Betrügern wieder in sein Leben zurückfindet, oder wie man generell Krisen überwindet, Ziele definiert, sie erreicht und vieles weitere mehr.

Wir werden künftig viel mehr Coaches brauchen, weil alles immer komplexer wird, immer schneller und immer anspruchsvoller. Wir können das mögen oder hassen, das spielt keine Rolle, es wird so sein. Wir werden in dieser Welt leben müssen. Wir müssen uns bewusst machen, dass wir nur überleben können, wenn wir uns gut anpassen.

Anpassung wird der Schlüssel sein, um auf alle Veränderungen möglichst schnell eine Antwort zu finden. Und das gilt im übertragenen Sinn auch für das psychische, emotionale und wirtschaftliche Überleben in der Gesellschaft. Es wird nicht der Stärkste und nicht der Klügste am besten zurechtkommen, sondern der, der in der Lage ist, sich schnell anzupassen.

Und genau dafür brauchen wir in Zukunft immer mehr Coaches. Derjenige, der den Weg aus der Obdachlosigkeit finden will, findet sicher kaum einen besseren Ansprechpartner als einen ehemaligen Obdachlosen, der es geschafft hat. Insofern ist es gut, wenn der Ehemalige keine riesigen Hürden für die Ausübung seines Hilfsangebots auferlegt bekommt.

Einer der größten Themenbereiche wird es sein, den gesunden und verantwortungsbewussten Umgang mit den neuen Medien und den sozialen Netzwerken zu erlernen, für sich selbst und auch zum Schutze der anderen.

Xing und LinkedIn werden als Heilsversprechungen fürs Business überschätzt, Facebook wird zur Sucht der Älteren, Instagram blendet die Jüngeren und TikToks Schnelligkeit können derzeit nur die ganz Jungen vertragen.

Wir werden in Zukunft viel mehr Unterstützung brauchen, um Stress vorzubeugen und ihn nachzubereiten. Es wird nicht jeder in therapeutische Behandlung gehen können, denn es sind in diesem Bereich bereits jetzt zu wenige Ansprechpartner vorhanden.

Es wird aber auch gar nicht jeder beim Therapeuten landen müssen und die Hilfe eines ausgebildeten Dritten benötigen, um sein Leben besser gestalten zu können. Wir werden Coaches in allen Bereichen benötigen, Menschen, die uns helfen, unsere geistigen wie körperlichen Energien und unsere psychische Gesundheit in dieser immer anspruchsvolleren Welt zu erhalten.

In allen Bereichen warten riesige Potenziale auf die Unterstützer, die so dringend gebraucht werden, wenn wir erfolgreich in die Zukunft gehen wollen. Doch am allermeisten werden wir die benötigen, die uns helfen, all unsere Gefühle auszuhalten und mit ihnen umzugehen. Ängste, Sorgen und Unsicherheiten waren in den letzten 70 Jahren nie so groß, wie es in den nächsten Jahren zu erwarten sein wird.

Orientierungslosigkeit und Antriebslosigkeit werden die Folge sein, wenn sich nicht Tausende Coaches finden, die uns wirklich dabei unterstützen, damit umzugehen.

Und da sind wir auch schon bei der Kehrseite der fehlenden Anforderungen für den Beruf. Denn wir werden Menschen brauchen, die uns wirklich behilflich sein können – und nicht mit Pseudowissen gute Laune verbreiten wollen oder gar mit Nichtwissen mehr Schaden anrichten als Nutzen bringen. Ohne jegliche Voraussetzungen für die Ausübung der Tätigkeit als Coach ist das jedoch nicht sichergestellt, und das ist der gravierende Nachteil der Offenheit des Berufs für alle.

Die völlig uneinheitlichen Ausbildungen, die mit den teilweise tollkühnsten Titeln auf dem Markt angeboten werden, sind meist eher auf hohe Gewinne der Anbieter ausgerichtet als auf die Ausbildung der Probanden. Bitte verstehe das richtig, jedes Unternehmen ist auf Gewinn ausgerichtet, und das ist völlig in Ordnung. Die hier gemeinten Unternehmen stiften aber eher Verwirrung, als dass sie den Anwärtern helfen oder Orientierung geben.

Genau genommen könnte nämlich jeder eine solche Ausbildung anbieten, auch derjenige, der nach einer Ausbildung sucht und noch nie etwas mit Coaching zu tun hatte!

4. Die drei Irrtümer für das Coaching

1. Coaching als Traumberuf

Es klingt ein wenig irritierend, aber Coach zu sein, ist lange nicht so sehr ein Traumberuf, wie die meisten immer denken. Die Leute gehen naiverweise davon aus, dass sie die meiste Zeit mit Coachings verbringen. Das würde aber voraussetzen, dass ihre Praxis von ganz allein mit Klienten gefüllt ist. Und das ist der größte Trugschluss, der die gesamte Branche leiden lässt.

Dies ist der Grund, warum Tausende Coaches nicht einmal einen nennenswerten Nebenverdienst mit ihrer Tätigkeit erzielen und nur ein ganz geringer Teil von diesem Geschäft auch wirklich leben kann. Die Kunden kommen nämlich nicht von allein. Wie in jedem Geschäft müssen sie erst einmal erfahren, dass es den Anbieter gibt und welche Leistungen er erbringt. Das kostet nicht nur Geld, sondern vor allem ist es auch dauerhafter Bestandteil der Tätigkeit.

Marketing, Vertrieb, Buchhaltung – all diese Bestandteile einer jeden unternehmerischen Tätigkeit werden oft übersehen, ganz zu schweigen davon, dass ein Budget für irgendetwas vorhanden wäre. In der Folge werden Preise nicht kalkuliert, sondern eher nach Gefühl und Lehrmeister bestimmt. Die eine Seite arbeitet dann für Stundensätze, die eine echte Geschäftstätigkeit gar nicht möglich machen, und die andere versucht, mit wenigen Terminen reich zu werden. Während die erste Gruppe mit Stundensätzen von zum Teil deutlich unter 100 Euro agiert, verlangt die zweite mehrere 1000 Euro.

Die einen denken so wenig an sich, dass sie mehrere Kunden täglich bräuchten, um allein ihre Kosten zu decken, und die anderen sind so selbstgerecht, dass sie ihre Leistungen und den daraus folgenden Nutzen gnadenlos überschätzen. Diese Irritation nimmt der gesamte Markt wahr und macht es für den Kunden schwer, einen soliden und ernst zu nehmenden Gesprächspartner im Coach zu sehen.

Das gesamte Ansehen der Branche leidet darunter, und in der Konsequenz wird auch die Kundengewinnung schwerer, solange die Anbieter noch keinen ausreichend großen Kreis von zufriedenen Kunden gewinnen konnten, der sie weiterempfiehlt. Das Bewusstsein der neuen Coaches fehlt dafür völlig. Die wenig geliebte Kundengewinnung und all die Arbeit drum herum macht, gerade am Anfang, einen Großteil der eigentlichen Arbeit aus.

Ein weiterer Irrglaube ist die große Anerkennung und Dankbarkeit durch die Kunden. Die doch überwiegend wohlmeinenden Coaches übersehen gern, dass nicht jeder Klient seinen Coach voller Begeisterung weiterempfehlen wird. Coaches neigen dazu, den Wert ihrer Arbeit als Wunderwerk zu überschätzen, während der Klient seine bezahlte Dienstleistung durchaus kritisch hinterfragt und auf Angemessenheit überprüft.

Wir Berater brauchen also nicht zu denken, dass der Kunde mit jedem Termin sein Leben gerettet sieht und vor Dankbarkeit niederkniet. Muss er auch gar nicht, denn schließlich hat er genau für diese Dienstleistung bezahlt. Eine zusätzliche Wertschätzung darf also durchaus auch etwas Besonderes bleiben.

Und zu guter Letzt übersehen die meisten Coaches bei Beginn ihrer Tätigkeit, dass der Prozess mit dem und für den Coachee in der Praxis oft gar nicht so einfach ist, wie es am Anfang scheint. Es ergeben sich Umstände, die die Unterstützung der Coachees viel schwieriger macht als gedacht.

Zugegeben, den meisten Menschen kann der Coach schon deshalb helfen, weil er nicht im undurchdringlichen Dickicht der Probleme des Klienten gefangen ist. Er ist ein Außenstehender, und das ermöglicht einen klareren Blick auf die Dinge. Aber nicht selten sind die Herausforderungen auch viel größer als gedacht, wenn wir wirklich helfen wollen.

Ich erinnere mich gern an die verschiedenen Sportler, die mich mit ihrer jeweiligen Sportart immer wieder vor völlig neue Herausforderungen stellten. Zudem müssen wir uns bewusst sein: Bei allen Ähnlichkeiten ist kein Mensch wie der andere und kein Problem wie das andere. Das macht es in der Praxis alles andere als einfach.

Ich hatte viele schlaflose Nächte, die durch Überlegungen charakterisiert waren, einen Weg für den jeweiligen Klienten zu finden, um sein Problem wirklich lösen zu können.

Die Komplexität der Arbeit wird immer wieder unterschätzt. Es wird zu selten daran gedacht, dass selbst die besten Systeme, Strategien und Werkzeuge schnell an ihre Grenzen stoßen und keine pauschale Anwendung zu finden ist. Ganz zu schweigen von den Grenzen einzelner Ausrichtungen, wie der heute noch so hochgelobten Neurolinguistischen Programmierung. Jede Form findet ihre Grenzen, ob

Verhaltens-, Gesprächspsycho- oder systemische Therapie, alle Ansätze bleiben genau das: Ansätze. Es sind Modelle, um Lösungen herbeizuführen, doch die Lösungen selbst bleiben stets individuell.

2. Glück und Erfolg durch System

Zu gern glauben wir, dass es für alles eine Schablone gibt. Doch es gibt kein Malen nach Zahlen für das Glück und den Erfolg. Sie werden von jedem Einzelnen sehr unterschiedlich definiert. Es beginnt dabei, dass Glück für jeden ein anderes Gesicht hat. Während manche Menschen erst mal auf der Suche nach materiellem Wohlstand sind, spielt er für andere von vornherein keine besondere Rolle.

Nehmen wir meinen Cousin und mich als Beispiel. Ich kann mich gut erinnern, obwohl es fast 40 Jahre her sein muss: Er wollte bereits damals eine komplette Erbschaft einem guten Zweck zukommen lassen. Ich begriff das überhaupt nicht, denn er selbst hatte kein Geld und wollte auch keines für sich behalten. Nur mit hartem Einsatz konnte seine Mutter ihn überreden, wenigstens einen kleinen Teil zu behalten. Für mich in dieser Zeit undenkbar, wollte ich doch so schnell wie möglich reich sein, um Haus, Autos und am liebsten noch einen Hubschrauber mein Eigen nennen zu können – der übliche Kram junger Männer.

Und auch wenn ich natürlich heute mein Glück nicht mehr von materiellen Dingen abhängig mache und sich auch für ihn die Werte verschoben haben werden, war seine

Definition von Glück sicherlich zu jedem Zeitpunkt seines Lebens eine andere als meine. Ein glückliches Leben stellt sich der eine mit seiner Frau alternd im Rosengarten vor, ein anderer möchte als freiheitsliebender Single in der Stadt unterwegs sein.

Der eine liebt Katzen, der andere Hunde, manch einer beides, und andere weder das eine noch das andere. Die eine liebt den Süden, die andere den Norden, die eine mag es warm, die andere kalt, eine will es sportlich, eine andere elegant. Schon die geistige Welt der Menschen unterscheidet sich so elementar, dass wir von Emotionen und Physiologie gar nicht anzufangen bräuchten.

Doch es gibt sie alle, die Unterschiede in der Betrachtung. Beziehungen, Freundschaften, Hobbys, Werte … die möglichen Kombinationen der Vorlieben würden eine deutlich größere Zahl als die der Menschen auf diesem Planeten ergeben. Und genauso differenziert ist es dann auch mit dem Glücksempfinden.

Weiter geht es damit, dass wir alle ein individuelles Leben haben. Der eine ist noch jung, der andere schon alt, die eine war wohlbehütet, die andere allein gelassen, manche sind auf dem Land, andere in der Stadt groß geworden.

Schon die Genetik unterscheidet sich, und so hat einer einen Stoffwechsel, der kein Gramm Fett zulässt, während ein anderer die Energie nur schwer verwerten kann. Einem sind bereits in der Schwangerschaft die Zuckerspeicher angelegt worden und anderen nicht.

Selbst wenn die unterschiedlichen Menschen die gleichen körperlichen Ziele hätten, würden sie völlig unterschiedliche Strategien benötigen. Aber in der Regel haben wir trotz des Werbefernsehens und aller gesellschaftlicher Zwänge glücklicherweise nicht einmal im Entferntesten die Absicht, die gleichen oder auch nur ähnliche Ziele zu verfolgen.

Unterschiedliche Talente und Begabungen sind genauso entscheidend wie äußere Lebensumstände, Orte, Mitmenschen und andere Voraussetzungen. Der eine hat eine hohe Intelligenz, der andere nicht, dem einen fällt das Lernen leicht, dem anderen schwer, die eine hat Disziplin sehr früh erfahren und einstudiert, eine andere muss sie sich erst mühsam beibringen. Differenzen über Differenzen, die am Ende sehr deutlich machen, dass nicht jeder mit demselben System auch gleich erfolgreich und glücklich sein wird.

3. Alles soll einfach sein

Wir wollen gern glauben, dass es einfach ist. Wir folgen den drei Geheimnissen für Erfolg, den sieben Strategien oder den elf Voraussetzungen für persönliches Glück, obwohl wir insgeheim genau wissen, dass es keine derartigen Geheimnisse gibt. Es ist reines Wunschdenken.

Glück und Erfolg sind genauso wenig auf einfachem Weg zu erreichen, wie das Leben selbst immer einfach ist. Es hat stets mit viel und meist kontinuierlichem Einsatz zu tun. Du kennst das. Und selbst wenn das Glück mal auf deiner Seite ist, was ich dir ausdrücklich wünsche, musst du danach umso mehr tun, um es zu erhalten.

Glück und Erfolg sind Arbeit. Leben ist Arbeit. Das klingt vielleicht etwas negativ, ist es aber gar nicht. Denn Arbeit kann auch Spaß bereiten und als leicht empfunden werden. Wir sind diejenigen, die diese Bewertung vornehmen, die es bewerten. Klingt ganz einfach, ist es aber eben in der täglichen Umsetzung erst mal nicht unbedingt und darf daher erlernt werden. Wieder Arbeit …

5. Die drei falschen Annahmen im Coaching

1. Sprüche und Zitate als Coaching-Weisheiten

Ich weiß nicht, wann es angefangen hat. Schon früher gab es Kalender mit Zitaten zum Auswendiglernen und das eine oder andere Büchlein mit Sinnsprüchen. Doch mit dem Einzug des Internets wurden sie inflationär: die Sprüche und Zitate. Abgesehen davon, dass einige große Coaches sich jedes Zitat zu eigen machten und bis heute einfach ihren Namen darunterpacken, egal ob sie Goethe, Schiller, Benjamin Franklin oder Konfuzius zitieren, teilte und postete nun stets einer mehr diese Weisheiten.

Bis wir schließlich im Hier und Jetzt von nahezu jedem 13-Jährigen Winston Churchills bedeutungsschwere Worte zum Thema „Niemals aufgeben" zu lesen bekommen. Blöd nur, dass die Dinge stets aus dem Zusammenhang gerissen sind und damit auch schnell vergessen wird, dass nicht jede Situation mit seiner Lage im 2. Weltkrieg vergleichbar ist.

Auch hinsichtlich der Wiedergabe der Worte unserer großen Dichter und Denker ist manchmal eine sehr genaue Betrachtung angebracht. Auch wenn der Mensch zur Vereinfachung neigt und das für uns durchaus hilfreich sein kann, sind die Sätze gelegentlich aus dem Gesamtkontext gelöst und werden damit falsch interpretiert. Auf einer Internetseite mit gesammelten Zitaten findet man über 12.000 von ihnen, wovon allein fast 400 dem Thema Glück gewidmet sind. Du kannst dir also vorstellen, dass du für jede Aussage, die du treffen möchtest, ein dazu passendes Zitat finden kannst, um deine eigenen Worte zu untermauern. Ob sie das richtiger macht, sei mal dahingestellt.

Jedes Schulkind glaubt heute, John F. Kennedy habe sich selbst für einen Berliner gehalten, obwohl er doch den Satz „Ich bin ein Berliner“ einfach nur als den „stolzesten Satz“ bezeichnete, den man wohl zu jener Zeit habe sagen können. Die Amerikaner machten daraus gar den „Berliner“ im Sinne des Pfannkuchens und glauben noch heute zu großen Teilen, die Bevölkerung habe ihn für diesen Satz ausgelacht, weil er ihrer Meinung nach „Ich bin Berliner“ statt „Ich bin ein Berliner“ hätte sagen müssen. So etwas kann in anderen Sprachen durchaus schnell passieren, in diesem Fall ist es jedoch frei erfunden. Niemand hat ihn ausgelacht, und es war auch nicht missverständlich – aber so ist das eben mit den Überlieferungen.

Nahezu jedes Zitat hat eine starke Aussagekraft, und wenn es auch noch von einem Prominenten oder Gelehrten stammt, wird es noch leichter geglaubt. Seine Richtigkeit ist damit jedoch nicht bewiesen. Doch selbst wenn es richtig wäre bzw. ist, gibt es keine universelle Gültigkeit, weil es eben auch im richtigen Zusammenhang eingesetzt werden muss.

Im Segment wenig qualitätsvoller Coachings werden heute aus Sprüchen und Zitaten Rückschlüsse gezogen und Erkenntnisse wiedergegeben, die schlicht und einfach nicht immer richtig sind, weil sie nicht universell einsetzbar sind. Nehmen wir noch einmal Winston Churchills „Gib niemals auf. Nie, nie, niemals!" Wir müssen uns genau ansehen, was wir mit „aufgeben" meinen. Klar sollte man nicht wirklich aufgeben im Leben, aber natürlich ist es sehr wohl sinnvoll, auch mal klein beizugeben. Loszulassen, wenn etwas zum 100. Mal in dieser Art und Weise nicht funktioniert hat, ist mehr als sinnvoll. Auch einen längst verlorenen Kampf weiterzuführen und nur die Schäden zu vergrößern, erscheint mir wenig schlau. Denken wir nur an die berühmte Szene aus „Die Ritter der Kokosnuss" von Monty Python, in der der Schwarze Ritter im Kampf gegen Artus schon keine Arme und Beine mehr hat, aber immer noch weitermachen will und dem Gegner schließlich damit droht, ihn anzuspucken. Der Kampf endet mit den Worten: „Okay, für dieses Mal unentschieden, aber beim nächsten Mal bist du dran." Das ist der typisch britische Humor und gibt sehr gut wieder, dass Aufgeben durchaus eine sinnvolle Option sein kann.

Wir müssen also auch bei Sprüchen und Zitaten sehr fein differenzieren und dürfen sie nicht vollkommen hohl und ungeprüft überall einsetzen. Eine Verwendung im Coaching kann in der richtigen Dosierung gut und hilfreich sein, einen Ersatz für Inhalt bieten sie jedoch nicht.

2. Glück und Erfolg sind einfach zu erreichen

Hier ist wohl der Wunsch der Vater des Gedankens. Es wäre doch zu schön, wenn Erfolg einfach wäre. Ist er aber nicht, schon deshalb nicht, weil wir nur die Dinge als echte Erfolge wahrnehmen, die für uns außerhalb unseres gewöhnlichen Rahmens liegen. Das morgendliche Aufstehen, aufrecht gehen zu können oder das ebenfalls mühselig erlernte Zähneputzen nehmen wir nicht als Erfolge wahr – jedenfalls nicht mehr. Denn als wir es zum ersten Mal schafften, haben wir es sehr wohl als Erfolg gefeiert. Ein Erfolg, den wir schließlich realisiert haben, egal, wie lange wir dafür benötigt haben, nehmen wir nach kurzer Zeit also gar nicht mehr als solchen wahr. Er dient dann nur noch als Basis für unseren weiteren Weg. Echter und letztlich natürlich erst recht holistischer Erfolg ist ein immerwährender Prozess, der auch bei größten Zwischenerfolgen niemals aufhört und schon deshalb nicht als einfach empfunden werden bzw. sein kann.

Im Coaching wollen wir den Menschen Mut machen, sind die Klienten doch schließlich häufig bei uns, weil sie am Ende ihrer eigenen Kräfte sind. Doch statt offen und ehrlich zu kommunizieren, dass es nicht einfach ist, aber eben auch gar nicht sein muss, findet das Marketing leider andersherum statt. Alles kein Problem, alles ganz einfach! Problematisch nur, dass es eben nicht dem Leben und damit auch nicht der Wahrheit entspricht. Es ist eine Lüge.

Wir müssen ehrlicher miteinander umgehen. Wir müssen offen kommunizieren, dass das Leben nicht so einfach ist, wie wir es gern hätten. Während wir vor ein paar 1000 Jahren als Männer nur die Verantwortung dafür hatten, die Beute mit nach Hause zu bringen, und ansonsten mit dem Essen, Ruhephasen und der Fortpflanzung gut ausgelastet waren, sollen wir heute bereits in der Grundschule geistige Höchstleistungen vollbringen und gleichzeitig extremen Ablenkungen aus den verschiedensten Richtungen widerstehen.

Der Anspruch an den Menschen wuchs in den letzten 100 Jahren dramatisch, und so ist es überhaupt nicht verwunderlich, dass manch einer unter der Last der Anforderungen zusammenbricht. Am Limit wandeln wir letztlich fast alle, zumindest zwischendurch. Burn-outs sind sicher die extremste Form, aber auch weit weniger auffällige Überbelastungen gehören unbedingt beachtet – und so ist das Märchen vom einfachen Erfolg schlichtweg unverantwortlich.

3. Jeder kann alles schaffen

Vollständig müsste die Überschrift heißen: Jeder kann alles erreichen, was er will! Im Niedrigqualitäts-Coaching wird dieser Irrglaube häufig als Grundlage der Zusammenarbeit verstanden. Das muss zwangsläufig zu Schwierigkeiten und Frustrationen führen, denn was für die eine gilt, muss für den anderen noch lange nicht richtig sein. Dem 1,60 Meter großen Mann ohne jedes Ballgefühl wird die Karriere als Basketballprofi in der NBA wohl ziemlich sicher verwehrt bleiben, und die mit 30 Jahren zum ersten Mal am Klavier sitzende Frau wird keine Chance mehr auf ein Leben als große Pianistin haben.

Selbstverständlich geht es im Coaching immer um persönliche Entwicklung, also um die Erweiterung des Denkens und Könnens, aber auch um die Dinge, die neu hinzukommen oder befreit werden können.

Dennoch gibt es für jeden eine Entwicklungsstufe, auf

der er oder sie sich zum jeweiligen Zeitpunkt befindet, und ein entsprechendes Potenzial, das zur Verfügung steht. Diese Faktoren gilt es zu berücksichtigen und das Beste daraus zu machen.

Das Beste muss nicht immer heißen, höher, schneller, weiter zu sein. Es kann auch bedeuten, zur Ruhe zu kommen, Frieden zu schließen und Umstände anzuerkennen. Unserem 1,60 Meter großen NBA-Wunschkandidaten ist schließlich nicht damit geholfen, dass er sich einen längeren Körper oder andere Umstände wünscht. Das vorhandene Potential des Einzelnen und seine persönliche Entwicklung dürfen zwar erweitert werden bzw. weiter voranschreiten, sie sind aber stets als Realität zu berücksichtigen, wenn Coaching wirklich Business- oder Lebenshilfe sein soll. Oft geht es dabei nämlich viel mehr um die Beseitigung von Störfaktoren als um bahnbrechend Neues.

Wir können wirklich sehr viel erreichen, und manchmal viel mehr, als wir uns vorstellen können – und nicht selten sogar viel leichter, als wir glauben. Aber nun mal nicht alles. Und schon gar nicht jeder alles. Doch das klingt eben nicht so schön.

Genau deshalb haben sich wohl allerlei Phrasen herausgebildet und im Laufe der Zeit immer weiter verfestigt, sodass wir uns einige davon genauer ansehen sollten.

Wir beginnen mit einem meiner Lieblingssprüche, den wir exemplarisch etwas genauer betrachten wollen als die anderen, die dann folgen.

6. Die 23 bekanntesten Coaching-Phrasen – und wie es wirklich ist

Coaching-Lüge Nr. 1: Alles ist eine Frage des Mindsets.

In den letzten Jahren ist mir diese irreführende Aussage mit Abstand am häufigsten untergekommen. Doch was ist wirklich dran an der Aussage? Ist es tatsächlich so einfach? Lass uns das etwas genauer untersuchen.

Das richtige Mindset als Lösung aller Probleme und als Erfolgsrezept für all unsere Vorhaben: Man muss schon etwas einfältig sein, um zu glauben, es gäbe weder körperliche noch geistige Voraussetzungen für bestimmte Erfolge, Talent wäre überflüssig und langwierige Ausbildungssysteme wären unnötig – wir müssten ja schließlich nur das richtige Mindset haben.

Vor einiger Zeit schrieb ich bereits einen Artikel zu dem Thema, wodurch sich einer der bekanntesten Verkaufstrainer des deutschsprachigen Raums offenbar so angegriffen fühlte, dass er mir gleich ein über 20-minütiges Video und eine ganze Podcast-Folge widmete. Den Link dazu schickte er mir mit dem Kommentar: „Kollege, hier habe ich dich widerlegt. Ich bin in Dubai, und wo bist du?"

Es sollte offenbar der Beweis sein, dass sein Mindset besser sei als meines.

Ich gebe zu, ziemlich geschockt gewesen zu sein, allerdings weniger von seinem erfolgreichen Leben, sondern mehr von der Einfältigkeit, die hinter dieser Aussage steckte. Ein erwachsener Mann misst seinen Erfolg ausschließlich an seinem Aufenthaltsort, welcher ohnehin schon fragwürdig genug ist? Er konnte sich offenbar nicht einmal vorstellen, dass es Menschen gibt, die nicht im Traum daran denken würden, dort freiwillig zu leben. Mich hat Dubai allerdings bisher nicht einmal als Urlaubsort gereizt, aber das kann wohl auch an meinem schlechten Mindset liegen.

Doch natürlich hat er in seiner Aufregung anscheinend überlesen, dass ich nicht daran zweifle: Die richtige Geisteshaltung, die Einstellung und die Überzeugungen sind sicherlich ganz wichtige Voraussetzungen für ein erfolgreiches, glückliches und erfülltes Leben. Doch das Mindset ist, genauso sicher, nicht die einzige Voraussetzung.

Mindset – was ist das aber überhaupt? Der Begriff ist mittlerweile nicht mehr wegzudenken, und wie das mit allen Modewörtern so ist, die allzu häufig benutzt werden, wird man derer irgendwann überdrüssig. Mindset wird vielfältig übersetzt und ist wohl am besten als „Denkweise" und „Gedankenkraft" zu bezeichnen.

Dieses Mindset wäre nun also allein ausschlaggebend dafür, welche Ergebnisse wir im Leben erzielen, welche Erfolge wir feiern und welche Misserfolge und Schicksalsschläge wir verbuchen. Und hier wird dann auch schon klar, wie gefährlich diese Betrachtungsweise ist. Diese Botschaft lässt uns nämlich glauben, wir trügen selbst die alleinige Verantwortung für jedes Resultat! Ganz so, als gäbe es keine anderen Einflüsse. Als existierte nichts, das stärker als unser eigener Geist sein könnte. Eine ziemlich gewagte und gleichzeitig vermessene These. Der Mensch als Verursacher, als Schmied des Schicksals …

Selbst wenn man die nötige Demut vermissen lassen und diesem Gedanken folgen würde, es gäbe doch immer noch die Mitmenschen. Folglich würden Menschen mit ihren Gedanken untereinander in Konkurrenz bzw. im Konflikt stehen. Wessen Mindset würde also siegen – und was wäre dann mit den anderen?

Dass alles eine Frage des Mindsets sei, ist schlichtweg falsch! Es ist falsch, dass du mit deinem Denken für alles verantwortlich seist. Dieser Irrglaube kann großen Schaden anrichten, denn er hat Auswirkungen auf dein Gemüt. Wenn du glaubst, dass du mit deiner Haltung und deinen Gedanken letztlich für alles verantwortlich bist, wäre eine tiefe Depression nicht verwunderlich, bei all den Fehlern, die jeder Mensch im Laufe seines Lebens macht. Eine wenig hilfreiche Voraussetzung für ein zufriedenes Leben. Zumindest würdest du dich aber extrem schwächen statt stärken – und dir selbst damit einen Bärendienst erweisen, wenn du an die Botschaft „Alles ist eine Frage des Mindsets“ glaubst.

Aber noch einmal, dass unsere geistige Ausrichtung einer der entscheidenden Faktoren für unser Leben und dessen Qualität ist, bleibt unbestritten. Nicht umsonst findet das Mentaltraining im Hochleistungssport seit Jahrzehnten Anwendung und ist heute dort nicht mehr wegzudenken. Im persönlichen Gespräch verriet mir beispielsweise Britta Steffen, Olympiasiegerin und eine unserer erfolgreichsten Schwimmerinnen aller Zeiten, dass sie ihre Erfolge ohne dies vermutlich niemals erreicht hätte.

Aber es gibt noch einen weiteren Faktor, der bei wirklichen Profis längst in diese Arbeit miteinbezogen wird. Und das ist die Beeinflussung der Gefühle. Deine Emotionen sind letztlich sogar stärker als dein Mindset, und auch wenn du mit deinem Geist deine Gefühle beeinflussen kannst, sind sie eben nicht immer das Ergebnis deiner geistigen Welt. Du brauchst nämlich in vielen Situationen gar nicht zu denken, um ein Gefühl zu empfinden.

Was passiert, wenn du plötzlich ein kleines Kind, mit seinem Teddy in der Hand, auf einer viel befahrenen Straße stehen siehst? Was wäre, wenn es dein eigenes Kind ist? Wenn du eine Gefahr erkennst, musst du nicht erst nachdenken. Du wirst schlichtweg gar nicht mehr denken.

Das gilt für den auftauchenden Säbelzahntiger in der Vergangenheit genauso wie für das brennende Haus, in dem du bist, in der Gegenwart. Die Bandbreite reicht aber natürlich viel weiter und ist heute auch auf Ängste auszuweiten, die mit dem Verlust des Arbeitsplatzes, der wirtschaftlichen Position, der Partnerschaft, der Gesundheit und vielem mehr einhergehen und die deutlich komplexer geworden sind. Fest steht aber, dass diese deine Ängste mehr Entscheidungen bedingen, als dir lieb ist, in jedem Fall aber nicht selten dein Mindset völlig außen vor lassen.

Gleiches gilt natürlich auch für andere Emotionen, denken wir nur an die Liebe, die bekanntermaßen bereits hormonell bedingt blind macht.

Und damit sind wir auch schon bei einem weiteren Einflussfaktor: Die Physiologie bestimmt dein Handeln, ganz unabhängig von deinem Mindset. Glaubst du im Ernst, dass deine Gedanken unabhängig von deinen körperlichen Funktionen sind? Denk nur einmal an einen Zustand, in dem du an einem dunklen und regnerischen Tag, völlig überfressen, auf der Couch liegend, kaum noch hochkamst; im Unterschied zu einem herrlich ausgedehnten Herbstspaziergang oder Jogginglauf an einem sonnigen Tag, an dem du dich bewusst gesund und gut ernährt hast. Dein Körper verfügt über so vielfältige Funktionen und Aufgaben, dass beispielsweise der Treibstoff eine wesentliche Rolle für dein Handeln spielt. Die Atmung, der Schlaf, die Bewegung und vieles andere beeinflussen das, was dein Gehirn leistet.

Nun habe ich dir den Vergleich so bunt ausgemalt, dass ein weiterer Einfluss deutlich wird: Das „Außen" beeinflusst dich ebenfalls. Die Umgebung, das Umfeld, die Helligkeit, die Geräusche, Gerüche, die Jahreszeiten, der Blick etc. beeinflussen natürlich auch dein Verhalten, deine Gefühle, Gedanken und Handlungen.

Du siehst selbst, dein Mindset ist wichtig, doch eben nicht alles. Selbstverständlich spielt unser Denken eine große Rolle, ist aber eben längst nicht allein für alles verantwortlich.

Coaching-Lüge Nr. 2: Alles ist möglich.

Ich kann es nicht mehr hören. Und ich hoffe, du bist vernünftig genug, dass es dir genauso ergeht. Sonst empfehle ich dir, doch morgen mal zu probieren, ob dein Auto auch mit Kaffeesahne als Treibstoff fährt. Oder lass deine Katze bellen. Vielleicht versuchst du auch mal, ohne Hilfsmittel zu fliegen. Aber bitte, probier es erst mal von der Erde aus.

Natürlich verstehe ich die gut gemeinte Botschaft dahinter.

Mit ihr im Hinterkopf ist die Aussage dann auch gar nicht mehr so schlecht, die ich im ersten Mustersatz gemacht habe. Trotzdem ist sie aber zugleich mitverantwortlich für Verdummung und für unfassbar viel Leid.

Schauen wir uns das genauer an: Ist alles möglich? Wirklich alles? Was genau ist damit gemeint? Welche Sicht ist förderlich, welche eher schädlich? Wem hilft der Gedanke, wem schadet er?

Vielen entgeht dabei ein brisanter Zusammenhang. „Nichts ist unmöglich", pflanzte uns bereits in den 1990er-Jahren der Autobauer Toyota mittels einer überaus erfolgreichen Werbekampagne ein, und in der Folge füllte einer der bekanntesten Motivationstrainer mit dem leicht abgewandelten Slogan „Alles ist möglich" die Veranstaltungshallen Deutschlands.

Warum jedoch waren plötzlich so viele ganz begeistert von der Idee, dass nichts unmöglich oder sogar alles möglich sei? Nun, lange ging es in unserem Lande ums pure Überleben, später um den Wiederaufbau und im nächsten Schritt sollten es die Kinder einmal besser haben. Umso mehr Freiheit diese dann erlangten, desto näher rückte auch der Gedanke des „Alles ist möglich".

Dem „Du musst etwas aus deinem Leben machen" folgte ein „Du kannst etwas aus deinem Leben machen", und so wurde die Ablehnung von Verboten, Beschränkungen und Reglementierungen immer größer, und das Streben nach Selbstverwirklichung und Selbstbestimmung intensivierte sich immer mehr. In dieser Zeit bot uns Toyota mit seiner doppelten Verneinung eine erste vorsichtige Möglichkeit des positiven Denkens, die uns nicht völlig übergeschnappt erschienen ließ.

RTL überbrachte uns dann mit dem angenehm durchgeknallten Holländer Emile Ratelband die Botschaft, dass wir es mit einem „Tsjakkaa!" schaffen und im Zweifel damit auch unsere Höhenangst oder Spinnenphobie besiegen könnten. Die damaligen „Motivationsexperten" standen, immer gut gekleidet und stets gut gelaunt strahlend, zudem für materiellen Wohlstand und Selfmade-Reichtum mit ihrem immer inszenierten Luxus. Alles Weitere war die logische Konsequenz eines Trends mit dem schönen Gedanken, dass wir alles erreichen könnten, wenn wir es denn nur stark genug wollen würden.

Seitdem hält sich dieser Wunschgedanke tapfer in der Industrie der Selbstverwirklichung und Persönlichkeitsentwicklung, verbunden mit dem Traum von Reichtum und dem allumfassenden und niemals endenden Glück.

„Du schaffst, was du willst" – wirklich? Offenbar wolltest du es also einfach nur nicht! Und alle anderen anscheinend ebenfalls nicht. Denn auch wenn die Praxis der letzten 30 Jahre zeigt, dass durch diese neue „Geisteshaltung" weder die Probleme der Welt noch die des Einzelnen verschwunden sind, halten viele weiterhin an diesem Gedanken fest. Warum eigentlich? Weshalb glauben weiterhin so viele Menschen, dass alles möglich sei, auch wenn sie nach jahrelangem Kampf noch immer keinerlei Besserung erfahren haben?

Es gibt diese Gruppe aufstrebender Selbstständiger und Unternehmer, die hart daran arbeiten. Sie nehmen sich die legendären Beispiele dieser Welt als Vorbild, wo das Leben große Vermögen hat entstehen lassen und die Betreffenden einigermaßen glücklich aussehen. Die langen Zeiträume von Jahren und Jahrzehnten disziplinierter und harter Arbeit mit allerlei Entbehrungen und Widerständen vergessen viele bei der Betrachtung. Aber an das Verhältnis zwischen diesen und den bei gleichem Einsatz nicht halb so geglückten Karrieren denkt kaum noch einer!

Sie hören immer nur von den ganz wenigen unternehmerischen Lichtgestalten, früher ging es um McDonald's, Walt Disney und Coca-Cola und heute mit Jeff Bezos um Amazon und mit Elon Musk um Tesla. Steve Jobs hat mit Apple und seinem frühen Tod Kultstatus erreicht, wie auch Bill Gates mit Microsoft und als Wohltäter der Welt nicht mehr wegzudenken ist. Sie sind als immerwährende Vorzeigebeispiele der Computerrevolution geblieben.

Doch wie viele Menschen hatten dieses Glück – wenn es denn überhaupt so ein Glück ist, wie man immer denkt. Und wie viele der strebsamen und Verzicht übenden Unternehmer braucht es, damit unterm Strich eine einzige solche Karriere herauskommt?

Das Verhältnis ist eins zu viele, viele Millionen, vielleicht am ehesten mit einem Lottogewinn vergleichbar, und hat vermutlich am allerwenigsten mit dem eigenen Denken und Handeln zu tun.

Viel eher hat es mit dem richtigen Zeitpunkt zu tun, gepaart mit glücklichen Umständen und Menschen in der Umgebung und vielen weiteren „Glücksfaktoren", die bei nüchterner Betrachtung einfach auch Zufall genannt werden können. Meine Botschaft, die an dieser Stelle kaum einer hören will, ist die: Natürlich braucht es auch all die stets gepriesenen „Erfolgsfaktoren", doch sie allein sind genauso wenig ausschlaggebend, wie deren Einsatz zuverlässig zu solchen Erfolgen führt. Lass dich also nicht ständig durch die wenigen Beispielen blenden – sie sind alles andere als repräsentativ.

Dazu kommt noch, dass diese sichtbaren Erfolge nicht automatisch auch ein glückliches und zufriedenes Leben ergeben, wie wir ansatzweise zumindest von Steve Jobs schon erfahren durften. Doch ich bin mir sicher, selbst wenn all die Schattenseiten aus dem Leben von Gates, Bezos und Co. bekannt wären, die „Alles ist möglich"-Jünger würden sie verdrängen. Allen anderen aber sei noch einmal ins Bewusstsein gerufen, dass großer finanzieller Reichtum nicht automatisch auch Lebensglück bedeutet.

Für diejenigen, die nicht zu der eben genannten Gruppe gehören, ist es wohl das Prinzip Hoffnung, das zählt. Es kann eigentlich nur die Hoffnung sein, denn vernünftige Gründe gibt es nicht. Es ist die Hoffnung, dass auch sie eines Tages das „Glück" erreicht. Sie denken, sie hätten es doch verdient, bei all den Anstrengungen. Und in der Tat, natürlich haben sie es verdient. Wer hätte es denn nicht verdient?

Alle hoffen auf das große Glück, vielleicht den Lottogewinn, die Erbschaft eines unbekannten Verwandten oder ein sonstiges Wunder. Es ist diese Hoffnung, mehr nicht. Das Prinzip, das sie auf ein glückliches Leben hoffen lässt, damit sie nicht verzagen. Sie hoffen und warten – auf immerwährenden und allumfassenden Erfolg, Gesundheit und Liebe – ohne etwas dafür zu tun.

Aber auch aus einem anderen Blickwinkel kommt gerade im Moment die Botschaft „Alles ist möglich" wieder wie gerufen. Die meisten Menschen in unserem Land glauben zwar an ein weitestgehend selbstbestimmtes Schicksal, kämpfen aber mit den immer größeren Anforderungen des heutigen Lebens schon seit Jahren. Seit der Pandemie ist diese Selbstbestimmung jedoch mehr denn je infrage gestellt, denn plötzlich kommen durch Corona und den Ukraine-Krieg wieder riesige Ängste zum Vorschein.

Die „Alles ist möglich“-Botschaft könnte die Rettung sein, um den Anforderungen des Lebens wieder gerecht werden zu können. Den Älteren geht es nicht viel anders, außer, dass sie schon vor einiger Zeit erfahren mussten, dass das Leben gar nicht so leicht zu gestalten ist, wie man es sich als junger Mensch wünscht. Die aufkeimende Hoffnung kommt also gerade recht, um aus dem eigenen durchschnittlichen Leben doch noch ein „großartiges Meisterwerk“ zu machen.

Wenn alles eher bescheiden läuft, hofft man umso mehr. Man hofft auf Besserung, sonst müsste man sich mit dem ganzen Müll und dem eigenen Versagen auseinandersetzen. Denn eigentlich müsste man sich grämen, wenn alles möglich ist und man es noch immer nicht geschafft hat, ein ausgeglichenes, gesundes, liebevolles, reiches und in allen Bereichen schönes Leben zu führen.

Aber weder der Einzelne noch die Gesamtheit der Menschen sind dem „guten Leben“ bisher wirklich näher gekommen. Wir alle müssten also eher ein Gefühl der Niederlage empfinden, sieht man sich die Umweltproblematik mitsamt Meeresverschmutzung, selbst herbeigeführter Klimakatastrophe und Luftverschmutzung oder das Scheitern des Tier- und Artenschutzes, die Gewaltherrschaften und Kriege, die Armut und Ungerechtigkeit und vieles andere auf unserer Erde an.

Viele müssten sich auch dem Schmerz widmen, der mit der Nichterreichung zahlreicher persönlicher, beruflicher und gesellschaftlicher Wünsche und Ziele einhergeht. Doch keiner will Schmerz – jeder möchte Schmerz vermeiden. Denn Schmerz zu vermeiden ist fest verankert im Urinstinkt.

Bei all dem sagenhaften Fortschritt und aller Entwicklung gibt es nämlich bis heute nur zwei Kategorien unseres Verhaltens: Schmerz vermeiden bzw. Freude erreichen zu wollen. Alles, was wir tun, gehört in eine der beiden Kategorien.

Und wenn nichts mehr hilft, wenn es keine Aussicht auf Erfolg mehr gibt – wenn keine logischen oder gar wissenschaftlichen Gründe mehr für ein Gelingen sprechen –, dann hoffen wir immer noch. Wir hoffen, um den Schmerz zu vermeiden. Selbst wenn wir in einer völlig ausweglosen Situation feststecken, hoffen wir, dort wieder herauszukommen. Es ist Teil unseres Überlebenstriebs. Die Alternative wäre wohl in der Tat auch keine hilfreiche Option, insofern ergibt dieses Verhalten durchaus Sinn.

Und infolgedessen könnte es dann eben auch sinnvoll erscheinen, alles für möglich zu halten.

Doch es gibt leider auch eine andere Seite der Hoffnung. Denn genau dieses „Alles ist möglich"-Denken, also das Prinzip Hoffnung, lässt uns im Alltag an unseren destruktiven Verhaltensmustern festhalten. Es lässt uns auf Besserung hoffen, obwohl wir unser Denken und Handeln ändern müssten.

Wir müssten dringend etwas verändern, tun es aber nicht. Weil wir weiter hoffen. Wir arbeiten nicht an den Ursachen des Übels, sondern halten lieber alles für möglich. Wir halten manchmal sogar für möglich, dass es trotz unveränderten Verhaltens zu neuen Ergebnissen kommt. Doch das gleiche Verhalten wird nun einmal die gleichen Resultate nach sich ziehen, ohne jede Ausnahme.

Ein einfaches Beispiel: Du kannst nicht einfach so weiteressen, weitertrinken und dich genauso wenig bewegen wie bisher – und plötzlich nimmst du damit ab. Wenn du mit der jetzigen Art und Weise zugenommen hast, wird das auch weiterhin so sein. Und dabei spielt es keine Rolle, ob du es für möglich hältst oder nicht. Du kannst glauben, was du willst, du unterliegst trotzdem den Gesetzen von Ursache und Wirkung.

Jede Ursache hat eine Wirkung, und dieses Prinzip kannst du auch mit deinen Gedanken nicht aushebeln. Du kannst ein noch so willensstarker „Alles ist möglich"-Verfechter sein, gegen die Naturgesetze kommst du nicht an.

Aber mal ganz im Ernst: Wozu solltest du auch dagegen angehen? Es ist weder nötig noch erstrebenswert, denn nüchtern betrachtet führt die Denkweise, dass „alles" möglich sei, eher zu großen Niederlagen und Frustrationen als zu Erfolgen. Versuch doch mal die Sonne im Westen aufgehen zu lassen oder den Mann das Kind gebären zu lassen. Schnell wird klar, es ist eben nicht alles möglich!

Du wirst weder die Erdanziehung außer Kraft setzen noch dich von Strom ernähren können. Es gibt gar nicht so wenige Dinge, die nun einmal sind, wie sie sind. Und entgegen dem Bestreben, sich dagegen zu wehren, solltest du dich als vernünftiger Mensch lieber damit abfinden bzw. bestenfalls sogar anfreunden. Nutze die Dinge so, wie sie eben sind. Du musst dich nicht von Strom ernähren, du kannst ihn aber nutzen, um Licht in dein Leben zu bringen.

Ursache und Wirkung

Es ist das Gesetz von Ursache und Wirkung, dass jede Ursache eine Wirkung hat und diese wiederum, in sich, neue Ursache ist. Aber immer wieder meinen wir Menschen, wir könnten uns von diesem Naturgesetz entfernen oder es gelte für uns oder bestimmte Bereiche einfach nicht. Dabei ist es doch einfachste und zugleich tiefgründigste Physik. Etwas mit dem Verstand absolut Fassbares. Eine Ursache hat eine Auswirkung. Immer!

In Bezug auf meinen Lieblingsbegriff der Verantwortung geht es also um nicht mehr, aber auch nicht weniger als um „Antworten".

- Die Antwort auf unser Verhalten
- Die Antwort auf unsere Taten
- Die Antwort auf unsere Emotionen
- Die Antwort auf unsere Gedanken.

In erster Linie meine ich hier die Antwort für uns selbst. Die Antwort für unser körperliches Befinden, unseren Seelenfrieden, unsere Beziehungen, unsere Finanzen, unsere Arbeit und unseren gesamten Lebenssinn. Die Verantwortung uns selbst gegenüber!

Für viele Menschen ist es nicht vorstellbar, Einfluss auf von ihnen vermeintlich weit entfernte Teile des Lebens zu nehmen. Sie glauben, in vielerlei Hinsicht keine Macht und Möglichkeit zu haben. Sie wähnen sich im Zustand der gestalterischen Ohnmacht, lehnen dadurch die Verantwortung, die sie ja durchaus haben, bewusst oder unbewusst ab und hadern machtlos mit ihrem Schicksal.

Kennst du solche Menschen? Ich bin einigen davon begegnet. Diesen Leute, die immer wieder beteuern, ihre Stimme habe doch ohnehin kein Gewicht. Die deswegen nicht an Wahlen teilnehmen oder ihre Stimme auch anderweitig nicht erheben, sich niemals für etwas einsetzen und einfach resigniert schweigen. Eine solche Einstellung tritt oft in Verbindung mit der Klage auf, „die da oben" machten doch sowieso, was sie wollten. Und so werden von Wahl zu Wahl die Beteiligungen geringer, weil diese Menschen denken, sie könnten ohnehin nichts beeinflussen. Alle, die so handeln, nehmen ihre Verantwortung gegenüber ihrem Land, ihrer Gemeinde, ihrer Familie und vor allem sich selbst gegenüber nicht wahr.

Tatsächlich setzen sich Ergebnisse aber nun einmal aus allen Einzelstimmen zusammen, es gäbe gar kein Ergebnis ohne die Stimme des Einzelnen. Umso problematischer wird es folglich, je weniger Personen ihre Stimme abgeben. Denn die einzelne Stimme wird umso gewichtiger, je weniger Menschen abstimmen.

Wenn 100 Leute nach ihrer Meinung gefragt werden und 90 ihre Wahl treffen, ist es letztlich eine Entscheidung, die sich aus der Einzelmeinung von 90 von 100 Personen zusammensetzt, also eine wirkliche Mehrheitsmeinung. Wenn die Hälfte davon ein bestimmtes Ergebnis bevorzugt, gibt es immerhin 45 Mal von 100 Mal diese Meinung, zuzüglich derer, die diese Meinung teilen, aber nicht abgestimmt haben. Haben aber nur noch 10 Leute gewählt und 90 nicht, kann es sein, dass sich die Meinung einer absoluten Minderheit durchsetzt. Wenn hier wieder die Hälfte diesem Ergebnis zustimmt, könnten 5 Leute die Meinungen von 95 anderen überstimmen! Normalerweise müssten nun die Betroffenen erst recht ihre Meinung kundtun, damit die anderen, zum Beispiel „die da oben“, nicht einfach bestimmen können. Aber das Gegenteil ist der Fall, mehr und mehr Menschen geben ihr Recht auf Mitbestimmung auf und nehmen das ihnen angestammte und zustehende Wahlrecht nicht mehr wahr. Brachliegende Verantwortung.

Aber gehen wir noch mal zurück in die 90er-Jahre. Gerade im Verkauf von Produkten und Dienstleistungen brachte der

Ansatz „Alles ist möglich“ die Hoffnung auf den grenzenlosen Erfolg und damit auch eine völlig neue Dimension der Motivation mit sich. Die Mitarbeitenden waren damit gut zu begeistern, und das ermöglichte den aus den USA gekommenen Vertriebssystemen enormen Zulauf.

Es eröffnete den Unternehmen ein riesiges Umsatzpotenzial, ganz ohne Personalkosten und Risiken. Diese neue Hoffnung der unbegrenzten Möglichkeiten hatte viele gute Seiten, einige Menschen wuchsen förmlich über sich hinaus, und nicht wenige verdienten ein kleines und auch großes Vermögen.

Ein völlig neuer Weg war entstanden, zugänglich für jedermann. Große Karrieren ohne jahrelange Ausbildungen und jahrzehntelanges Dienen wurden möglich.

Durch die zahlreichen lebendigen Beispiele und durch einige inszenierte Vorzeigebeispiele wurde der Glaube an „Alles ist möglich“ immer weiter genährt. So wurde auch Deutschland schließlich zum Land der unbegrenzten Möglichkeiten, und das positive Denken erlebte seinen absoluten Durchbruch.

Gern übersehen wurde dabei allerdings, dass nur die allerwenigsten eine erfolgreiche Karriere gestalten konnten und die Wahrscheinlichkeit auch nicht größer war als bei jedem anderen Geschäftsmodell. Ignoriert wurden die vielen verkrachten Existenzen, die daraus resultierten. Sie machten sich voller Hoffnung auf den Weg und scheiterten kläglich. Wie die Goldgräber glaubten sie an den großen Reichtum und Erfolg, ohne zu realisieren, dass auch hier deutlich mehr als nur positives Denken notwendig war.

Einige scheiterten in existenzieller Hinsicht, weil sie die Niederlagen nicht verkrafteten: Es ist furchtbar, wenn

Menschenleben auf der Strecke bleiben, und obwohl natürlich im Grunde jeder für sich selbst verantwortlich ist, obliegt auch den Unternehmen eine große Verantwortung. Die ungeheure Macht der perfekten Inszenierung darf nämlich nicht übersehen werden. Bis heute bleibt sogar mancher Anbieter in der Persönlichkeitsentwicklung seine diesbezügliche Verantwortung schuldig und zieht ganz bewusst auch Menschen in den Bann, die offensichtlich nicht davon profitieren können und sogar teilweise daran zerbrechen.

Dieses „Alles ist möglich" führt beim Scheitern des Einzelnen schnell zu persönlichen Schuldgefühlen, denn offenbar war er ja selbst verantwortlich, wenn er es nicht geschafft hat. Genau das ist die Gefahr dieser überaus plakativen Botschaft. Sie verführt zu wahnwitzigen Vorhaben, doch umso unrealistischer die Zielsetzung wird, desto größer ist die Wahrscheinlichkeit des Misserfolgs. Weil das „alles" weder die Leistungen noch irgendwelche Störfaktoren berücksichtigt, weil es keine Rücksicht auf den Faktor Zeit nimmt, Talent und Fähigkeiten nicht berücksichtigt und erst recht nicht die vorhandenen äußeren Rahmenbedingungen.

Es ist nicht alles möglich. Du wirst es nicht ohne viel Übung zum Klaviervirtuosen bringen, und wenn du nicht im frühen Kindesalter mit dem entsprechenden Training begonnen hast, sinkt die Wahrscheinlichkeit rapide ab, dass du es noch zu einem guten Pianisten schaffst. Doch auch, wenn deine Eltern dich früh ans Klavier setzten und du täglich einige Stunden deines Lebens dort verbrachtest, ist das keine Gewähr für überragende Erfolge.

Genauso wie im Sport spielen eine Unmenge von Einflüssen und Zufälligkeiten eine Rolle, damit du es zum Weltstar bringen kannst. Und dabei geht es nicht nur um das latent vorhandene Verletzungsrisiko. Selbst als Unternehmer brauchst du neben guten Verbindungen, Bedingungen usw. einfach auch immer eine ordentliche Portion Glück, um es zu etwas Außerordentlichem zu bringen.

Doch auch die positive Seite des „Alles ist möglich"-Gedankens wollen wir nicht übersehen, denn große Leistungen waren oft auch mit großen Träumen, Visionen und Zielen verbunden. Häufig war und ist das Möglichkeitsdenken der Ursprung und damit die Ursache für besondere Triumphe. Hätte Otto Lilienthal nicht so hartnäckig an der Möglichkeit festgehalten, dass wir durch die Lüfte fliegen können, würden wir es vielleicht heute noch nicht tun. Hätte Kennedy nicht 1961 das große Ziel formuliert, noch vor Ablauf des Jahrzehnts auf dem Mond zu landen, wäre es 1969 sicher nicht gelungen.

Dinge für möglich zu halten, kann deinen Horizont und deine Komfortzone erweitern. Wenn du Erfolg haben willst, ist es vielleicht sogar eine der wichtigsten Herangehensweisen, Dinge für möglich zu halten. Denn im Fall, dass du etwas von vornherein als „nicht möglich" abstempelst, wirst du es vermutlich auch gar nicht erst versuchen. Und probierst du es doch, bist du sicher nicht mit voller Kraft und Überzeugung bei der Sache.

Du musst also daran glauben, dass du es schaffen kannst, wenn du eine echte Chance haben willst. Doch es bleibt so oder so ein schmaler Grat zwischen Ansporn und Schönrederei, zwischen der Erweiterung der eigenen Grenzen und Realitätsverlust, zwischen Motivation einerseits und Verdummung andererseits. Lilienthal hat mit seinem Denken die Fliegerei ermöglicht, letztlich aber haben seine Selbstversuche ihn das Leben gekostet. Das war für ihn vermutlich sogar in Ordnung. Du aber musst das Risiko für dich ausloten und bewerten.

Ich erinnere mich gut an eine Weiterbildungsgruppe, in der einmal das Thema „Alles ist möglich“ mit einem Bild auftauchte.

Auf dem Bild waren ein Affe und ein Elefant an Zirkusschaukeln zu sehen. Der deutlich größere und schwerere Elefant sprang von seiner Schaukel ab und flog dem Affen entgegen, der ihn auffangen sollte. Untertitelt war das Bild mit dem Wort „Optimism“.

Die Begeisterung hatte keine Grenzen. Es gab wahnsinnig viel Applaus dafür aus der Gruppe. Und es gab mich. Verstehe mich bitte richtig, ich bin wirklich alles andere als negativ eingestellt. Doch diese Art des überzogen positiven Denkens stößt mich ab. Es scheint mir einfach nur naiv und dumm. Der Affe soll den Elefanten fangen können?

Genau diese Haltung hatte mir schon früh meine erste Pleite beschert. Ich verlor damals wegen dieser Denkweise die Bodenhaftung und übertrieb es. Ich hätte ein Buch mit dem Titel „Nimm die Dinge ernst und sorge dich“ gebraucht und nicht den berühmten Bestseller „Sorge dich nicht – lebe!“. Deshalb betrachte ich die Dinge für mich lieber etwas nüchterner.

Die für mich wichtigen Gedanken heute sind: Was, wenn es nicht klappt? Was könnte schiefgehen? Und warum? Was könnte Schlimmes daraus resultieren? Was könnte ich in meiner Euphorie übersehen haben? Denn positiv, begeistert, risikobereit, Grenzen sprengend und abenteuerlustig bin ich von Haus aus zur Genüge. Das allerdings gilt für mich und muss für dich überhaupt keine Gültigkeit haben. Es kommt nämlich nur darauf an, wie es bei dir ist, und was für dich richtig ist, hängt auch immer damit zusammen, wo deine persönlichen Stärken und Schwächen liegen.

Viele sahen in ihrer Euphorie nur die Möglichkeit des Affen, über sich hinauszuwachsen. Der starke Affe, der durch sein Denken alles erreichen kann und den Elefanten auffängt. Was meinst du?

Ich persönlich kenne keinen Affen, der einen Elefanten halten könnte. Insofern sehe ich in dem Bild nur die pure Selbstüberschätzung, die zu einem bösen Ende führt. Für den Affen, weil er selbst mit in den Abgrund stürzt. Aber auch für den Elefanten, der dem Affen vielleicht sogar Glauben schenkt, weil dieser durch seine Haltung über eine besonders starke Ausstrahlung verfügt. Wir kennen das aus dem echten Leben. Die Haltung eines Menschen erzeugt manchmal eine Ausstrahlung, die über jeden Zweifel erhaben ist und ansteckend wirkt. Diese Ansteckung kann positive Folgen haben, aber eben auch negative.

Nun könntest du einwenden, das Bild sei ohnehin unrealistisch, weil Elefanten nicht am Trapez hängen. Damit hast du natürlich vollkommen recht. Es sind eben meine Gedanken, die nicht zwangsläufig richtig sind und auch gar keinen Anspruch auf Richtigkeit haben. Mir geht es einzig und allein darum, dir aufzuzeigen, dass diese Motivationssprüche zwar motivieren können, aber das Ergebnis es nicht immer wert sein muss, motiviert worden zu sein.

Die Welt ist nicht so einfach, dass ein paar platte Phrasen sie einholen. Das Leben ist vielschichtig und jeder Mensch anders. Zudem befindet sich derselbe Mensch an unterschiedlichen Punkten seines Lebens in ganz verschiedenen Phasen, in denen er über unterschiedliche Erfahrungen und Erkenntnisse verfügt. Derselbe Spruch kann also zu einem

Zeitpunkt gut für dich sein und zu einem anderen Zeitpunkt kontraproduktiv. Verstehst du, was ich meine?

Motivation ist gut und wichtig, aber es gilt, sie immer differenziert zu betrachten. Wir müssen auch nicht immer und jederzeit über uns hinauswachsen. Es muss nicht jeder ein Weltenretter werden. Wir pflegen allerdings derzeit diese Tendenz innerhalb unserer Gesellschaft.

Wir sollen nur gute Unternehmer sein, wenn wir ganz groß werden wollen? Früher waren es die Vorzeigebeispiele McDonald's, Coca-Cola und IBM, heute sind es Apple, Tesla und Amazon – der Traum vom großen Erfolg ist geblieben, der die meist jungen Selbstständigen und Unternehmer antreibt. Der Gedanke, dass diese Unternehmungen und die dahinterstehenden Lebensleistungen stets Ausnahmeerscheinungen bleiben werden und nicht für jeden erstrebenswert sein müssen, wird heute genauso verdrängt wie damals.

Aber das Anspruchsdenken an Erfolg und Reichtum ist weiter gestiegen, Wohlstandsstreben ist persönlichem Eifer nach Überfluss gewichen. Dank Social Media sehen wir auch unsere ehemaligen Schulkameraden Ronnie Reich und Tim Tapsig im Lamborghini durch Monaco flitzen und mit dem Privatjet durch die Welt düsen. Selbstverständlich nur in Luxusmarken gekleidet, in den besten Restaurants speisend und stets gut gelaunt. Nicht einmal das immer gute Wetter macht uns stutzig – wir sollen glauben, dass alles so ist, wie es scheint. Und wir wollen anscheinend glauben, dass es auch so ist. Wir wollen glauben, dass alles möglich ist. Auch hier: ein Drahtseilakt. Denn natürlich spricht überhaupt nichts dagegen, viel Geld zu haben, tolle Autos zu fahren und gutes Essen zu genießen.

Doch ist das alles möglich? Ganz sicher. Ist das für jeden möglich? Theoretisch sicher ja. Aber praktisch eben nicht. Ist es auch für den möglich, der in den indischen Slums geboren wird? Oder wie ist es mit der Frau, die in Dubai um ihre Rolle als gleichwertiger Mensch kämpfen muss. Und wie ist es letztlich auch hier bei uns in Deutschland, hat jeder wirklich die gleichen Chancen? Hat jeder die gleichen Voraussetzungen, das gleiche Umfeld, die gleiche Erziehung, die gleiche Intelligenz? Ist wirklich alles möglich?

Doch wir wollen dazugehören und selbst zeigen, dass alles möglich ist. Und so begibt sich manch einer in eine Scheinwelt, die mit der Realität nichts mehr zu tun hat.

Nicht jeder kann wie Steve Jobs auf der Bühne stehen, um mit seinen Botschaften die ganze Welt zu begeistern. Du kannst und du musst deinen eigenen Weg finden, und der ist mit keinem anderen vergleichbar. Du brauchst deine ganz eigene intrinsische Motivation. Du kannst selbstverständlich auch aus der extrinsischen Motivation deine Vorteile ziehen, wenn du dich selbst im Blick behältst. Du kannst dir abgucken, was funktioniert und was nicht, aber du musst es auf dein eigenes Leben anpassen. Für den einen ist es eben gut und richtig, größer zu denken, weil er oder sie sich stets für zu klein und unwichtig hält. Für einen anderen ist es total schädlich, weil er ohnehin schon viel zu positiv denkt.

Es gilt, das richtige Maß zu finden – wie immer im Leben!

Es hilft, sich im Klaren darüber zu sein, warum und wofür du dich motivieren willst und wer dich sonst noch warum motivieren will. Ist es der Arbeitgeber, der dich zur Leistung bewegt, der Anbieter, der dir sein Produkt verkaufen oder der Mensch hinter dem Instagram-Profil, der dich einfach nur beeindrucken will? Nicht alles muss zu deinem Nachteil sein, aber Klarheit über die Absicht des anderen ist wichtig für die Bewusstwerdung über deine eigenen Absichten.

Lass dich nicht fangen und ausnutzen, um danach frustriert wieder in der Realität anzukommen, aber lass dich motivieren, wenn es dir hilft, deine Realität zu verbessern. Ein gutes Beispiel sind die Massen-Events in Sachen Motivation und Persönlichkeitsentwicklung. Wie bereits erwähnt, ich persönlich liebe sie, weil ich die Energie mag und alles wie ein Rockkonzert betrachte. Gleichgesinnte aus aller Welt treffen zusammen. Eine riesige Party, bei der neben ein paar guten Verbindungen auch noch Zeit dafür ist, über das eigene Leben und Wirken nachzudenken. Ich entscheide selbst, wann ich wohin gehe und was ich bereit bin, dafür zu bezahlen – und komme in der Regel aufgeladen wieder zurück.

Natürlich hält diese Stimmung nicht ewig an, aber die allermeisten Besuche hatten auch langfristig einen Wert für mich. Andere sind vielleicht weniger gefestigt und verbinden Hoffnungen mit dem Besuch, die nicht erfüllt werden können. Sie träumen davon, dass sich allein durch den Besuch der Veranstaltung ihr Leben nun um 180 Grad dreht, erhoffen sich besonders spektakuläre Weisheiten ihres Gurus und werden damit ganz sicher enttäuscht. So wird bei ihnen der Besuch zwangsläufig zu mehr Frustrationen führen statt zu einem besseren Leben. All das ist möglich.

Das eigentliche Problem der Aussage „Alles ist möglich“ ist die Deutung des Wortes „alles“. Während für den einen in „alles“ ganz selbstverständlich nur eine realistische Vorgehensweise steckt, gleitet ein anderer ab in surreale Welten. Nehmen Sie das „alles“ also einfach nicht zu wörtlich, sondern konzentrieren Sie sich auf den Kern der Botschaft: Es ist oft viel mehr möglich, als man sich vorstellen kann.

Das „Alles ist möglich"-Denken hat also schlechte Seiten, weil es dich davon abhält, realistisch zu bleiben und dein Verhalten so anzupassen, dass du das Problem angehst – aber auch gute Seiten, weil es dich anspornt, dir Hoffnung gibt und dich einlädt, Chancen zu ergreifen. Es kann dir zu enormem Wachstum verhelfen, aber auch zu Verblödung führen, weil wir Gesetzmäßigkeiten ignorieren, Wahrscheinlichkeiten unberücksichtigt lassen und Erkenntnisse der Vergangenheit leugnen.

Deshalb noch einmal: Bitte finde das richtige Maß für dich! Schaue auf das, was du brauchst. Vermeide die Schönfärberei, sieh der Wahrheit ins Gesicht und spüre ruhig den Schmerz, wenn die Dinge schlecht sind. Nutze die Motivation, den Ansporn und die Kraft, um dich über Grenzen hinwegzusetzen und das gewohnte Terrain zu verlassen. Habe Visionen und große Ziele, aber bleibe bitte gleichzeitig auch bodenständig und geerdet. Arbeite dich Stück für Stück voran.

Mache einen Schritt nach dem anderen, dann wirst du eines Tages feststellen, viel mehr erreicht zu haben als diejenigen, die ganz begeistert „alles" für möglich hielten.

Coaching-Lüge Nr. 3: Du musst es nur wollen.

Ebenfalls eine beliebte Aussage, die uns offenbar motivieren soll. Für viele bedeutet sie jedoch das genaue Gegenteil, weil sie schon 100 Mal wollten und trotzdem nicht das gewünschte Ergebnis bekamen.

Was genau heißt denn, wir müssen nur wollen? Soll das bedeuten, wir brauchen nur einen starken Willen, und schon erreichen wir unsere Ziele und Wünsche? Vielleicht stimmt es sogar ein bisschen, wie ja an nahezu all diesen Botschaften etwas Wahres dran ist. Doch es bleibt wie immer die Frage, ob der Wille allein wirklich ausreicht oder ob die Welt und die Umstände nicht vielleicht doch auch eine Rolle spielen.

Selbstverständlich kann der unbedingte Wille eine Menge ausmachen und dir zu mehr Einsatz und Durchschlagskraft verhelfen. Auch hier sehen wir das beste Beispiel im Sport. Der Athlet oder die Mannschaft, die über diesen unbedingten Willen verfügen, sind stets im Vorteil. Doch der Wille allein wird weder das Talent noch die Fähigkeiten ersetzen können. Jahrelanges Training kann nicht nur durch den Willen ersetzt werden. Sie können noch so viel wollen, als Laie werden sie sich ganz sicher an Cristiano Ronaldo oder Lionel Messi die Zähne ausbeißen.

Glaube also diesen Menschen nicht, die dir zurufen: „Du musst nur wollen!“ Ich jedenfalls widerspreche der Aussage vehement. Denn das ganz normale Leben spricht dagegen.

Im Prinzip fängt das schon bei der Geburt an – auch Chancengleichheit genannt. Ein Kind wird in eines der ärmsten Länder der Welt hineingeboren. Ein bisschen mehr Willensanstrengung wird kaum helfen, damit so ein Kind nicht mehr hungern muss. Oder ein anderes Beispiel aus Deutschland: ein Mädchen, das bereits taub zur Welt kommt. Willst du ihm sagen: „Tja, du musst halt nur wollen“, wenn sie als inzwischen erwachsene Frau so gern die Stimme der eigenen Tochter hören will? Das wäre grotesk.

Aber keine Frage: Ohne Willensstärke geht es im Leben nicht. Dank eines starken Willens lässt sich unheimlich viel erreichen oder verbessern – aber eben nicht alles. Diese Willensstärke muss jedoch auch irgendwoher kommen. Heißt: Sie muss regelmäßig gepflegt und fleißig trainiert werden. Denn von nichts kommt nichts.

Coaching-Lüge Nr. 4: Ich habe es geschafft, dann kannst du es auch.

Sehr beliebt ist auch diese Botschaft, vor allem genutzt als erfolgreiche Art des Marketings. Ich betrachte es ein wenig als Menschenfängerei, denn der Betreffende erzählt dir von all seinen Pleiten, Pech und Pannen und er stellt sich ganz bewusst auf deine Stufe, um dir zu zeigen, dass er genauso normal ist wie du. Im selben Atemzug geht es dann um seine Heldenreise, dass er es geschafft hat, und vielleicht sogar ein bisschen darum, wie er es geschafft hat. Zu guter Letzt wird er dir versichern, dass auch du das kannst. Denn wenn er das könne, könntest du das auch – schließlich sei er doch nichts Besonderes.

Du kannst ein Buch schreiben, du kannst auf die Bühne, du kannst Millionär werden und so weiter und so fort. Besonders beliebt sind diese Aussagen vor allem in der Szene, in denen dir das Ego gestreichelt wird, um dir anschließend den ultimativen Erfolgsweg oder Teile dessen zu verkaufen.

Es ist immer hilfreich zu wissen, dass ein anderer bereits den Weg gegangen ist, den man gehen möchte. Denn das macht es ein wenig leichter, weil sich nicht mehr die grundsätzliche Frage stellt, ob es überhaupt möglich ist. Aber bloß, weil er es geschafft hat, ist das noch lange keine Garantie dafür, dass du und ich es auch schaffen. Wenn dir die Seiltänzerin heute sagen würde, dass du es auch kannst, du aber genau weißt, dass dein Gleichgewichtssinn es gar nicht hergibt, wirst du vermutlich nur milde lächeln. Wenn mich nach meinen Verletzungen in Bein und Fuß jemand von neuen Kunststücken beim Kitesurfen begeistern will, dann bräuchte ich erst mal ein neues Bein, um ihn ernst zu nehmen.

Genauso verhält es sich auch mit meiner Befreiung aus der Kokainsucht oder anderen Pleiten. Meine Wege, mit meinen Schicksalsschlägen umzugehen, waren eben meine Wege, und die konnte nur ich gehen, mit all meinen Stärken, Schwächen, Erfahrungen und Kenntnissen. Vielleicht hilft es dir zu wissen, dass man sich aus tiefen Tälern wieder emporarbeiten kann. Vielleicht kann es dir Mut machen. Und möglicherweise kannst du sogar einige Strategien, Werkzeuge und Systeme nutzen, die mir geholfen haben.

Aber dein Weg ist dein Weg, und den kannst nur du allein gehen.

Coaching-Lüge Nr. 5: Du musst grosse Ziele haben.

Eine der weitverbreitetsten Aussagen will uns weismachen, dass nur große Ziele für ausreichende Motivation sorgen würden.

Natürlich darf man große Ziele haben. Aber auch kleine. Auch hier kommt man mit einer pauschalen Aussage überhaupt nicht weiter. Denn was dem einen Motivation bringt und Vorankommen ermöglicht, macht dem anderen Angst und hemmt ihn.

Den Mount Everest zu besteigen oder am besten gleich eine Mondlandung anzustreben, ist für viele dieser Botschafter das Mindeste. Sie wollen mindestens Milliardär sein, denn wer will heute noch Millionär sein? Die Ziele können laut ihren Aussagen gar nicht groß genug sein, alles Kleine scheint lächerlich und nicht motivierend genug. So findet man es in ihren Botschaften, die damit nicht nur alle Menschen in ein und dieselbe Schublade packen, als gäbe es keine Unterschiede, sondern auch der Politik der kleinen Schritte absolut Unrecht tun.

Natürlich soll das Ganze dann auch noch schnell gehen, so schnell wie möglich. Und wehe, du weichst davon ab, dann warst du nicht konsequent oder diszipliniert genug und bist ein Loser.

Diese Botschaften zu den großen Zielen wurden uns tatsächlich schon vor etwa 30 Jahren gelehrt. Wären sie richtig, würde ich persönlich zu den Gescheiterten, den gnadenlos Erfolglosen zählen. Denn ich habe eine lange Zeit meines Lebens meine Ziele nicht erreicht! Ich habe Jahrzehnte gebraucht, um mit diesem Thema wirklich Frieden zu schließen.

Mir wurde dieser Bullshit beigebracht, und in der Folge setzte ich mir viel zu große Ziele in viel zu kurzen Zeiträumen. Es hätte spektakulärer Zufälle und einer riesigen Menge Glück bedurft, um diese Ziele zu erreichen, was nun einmal nicht immer der Fall ist. Also habe ich sie nicht erreicht.

Und damit begann das eigentliche Drama: Mit jedem nicht erreichten Ziel wurde meine Frustration größer, und ich brachte mir bei, dass ich meine Ziele nicht erreiche. Ich trainierte den Misserfolg, und mit jedem nicht erreichten Ziel, jeder wiederkehrenden Erfahrung des Scheiterns brannte sich dies noch mehr ein! Und: Der Weg zu meinen auserkorenen Superzielen war alles andere als schön, denn ich kämpfte verbissen mit allen Mitteln, um im anvisierten Zeitfenster dorthin zu gelangen.

Spaß sieht anders aus!

Da niemand da war, der mir mit gesundem Menschenverstand etwas über Zielsetzungen und Wege zum Erfolg beibrachte, sondern nur immer dieselben dummen Botschaften wiederholt wurden, habe ich es nur meiner Ignoranz und Stärke zu verdanken, dass ich nicht aufgegeben habe. Ich erkannte zwar für mich, dass dies mit den großen Zielen wohl so auf mich nicht zutrifft, und wurde immer neuer noch ehrgeizigerer Zielsetzungen müde, aber ich habe trotzdem einfach weiter an meinem Erfolg gearbeitet. Ich habe mir tatsächlich viele Jahre lang keine Ziele mehr gesteckt! Weil ich doch vorher schon genau wusste, dass ich sie nicht erreichen würde.

Meine Schlussfolgerung: Es kann wohl sein, dass es klappt – bei mir aber eben nicht. Ich fragte mich eine Zeit lang noch, was ich falsch machte, aber irgendwann war es mir einfach egal. Erst viel später beschäftigte ich mich noch einmal ausführlich mit dem Thema „Ziele“, um zu folgenden Erkenntnissen zu gelangen:

Es gibt Menschen, die brauchen die großen Ziele, um sich überhaupt zu motivieren und etwas zu tun. Sie scheinen die kleineren Ziele nicht gut genug zu finden, um sich dafür in

Bewegung zu setzen. Das kann etwas damit zu tun haben, dass sie keine Ahnung von der Erreichung des Ziels und den damit verbundenen Umständen und Gefühlen haben. Es hat aber auch meist etwas mit großer Überwindung zu tun – Dinge zu tun, die ihnen eigentlich gar nicht angenehm sind. Denn wenn du etwas gern machst oder sogar liebst, dann tust du es einfach. Und du machst es mit einer solchen Begeisterung und Leidenschaft, dass du es sowieso so gut wie möglich machst. Genau deshalb braucht man bei großen Zielen auch unbedingt die kleinen Zwischenziele. Denn um bei etwas am Ball zu bleiben, bei dem du dich überwinden musst, brauchst du so oft wie möglich Erfolgserlebnisse!

Ich bin ein perfektes Beispiel dafür. In meinen jungen Jahren in der Finanzindustrie wollte ich gern so schnell wie möglich reich sein. Die Vorstellung, 100.000 DM mein Eigen zu nennen, reichte mir nicht – ich wollte gern Millionen haben. Warum? Weil ich erstens keine Ahnung von dem Gefühl hatte, das ein Leben mit 100k Vermögen einem beschert. Und weil ich mich zweitens für die Neukundengewinnung, also die Akquise, immer überwinden musste – ich mochte sie nicht.

Wir haben bereits früher gelernt, dass ein Ziel nur ein Ziel ist, wenn es konkret und messbar sowie zeitlich begrenzt ist. Gerade die zeitliche Begrenzung halte ich bei sehr großen Zielen für ziemlich gewagt. Weil wir einfach nicht über die notwendigen Kenntnisse verfügen (sonst wäre es kein großes, also weit entferntes Ziel), fehlt uns auch die Urteilsfähigkeit über realistische Zeiträume. Ich z. B. wollte es immer so schnell wie möglich erreichen und habe daher stets viel zu kurze Zeiträume angesetzt, was wiederum zu Frustrationen und Enttäuschungen führte.

Wenn wir also sehr große Ziele ausrufen, sollten wir die Zeiträume so gestalten, dass wir genug Zeit für Korrekturen und Anpassungen aller Art einplanen. Dabei hilft das Bewusstsein, dass am Ende ohnehin stets der Weg zum erreichten Ziel das eigentlich Wunderbare ist. Es ist die erlebte Entwicklung, die uns das eigentliche Glück beschert – nicht das erreichte Ziel selbst.

Aber es gibt auch Persönlichkeiten, die gar keine Lust auf große Ziele haben. Diese Menschen können sehr glücklich damit sein, den Weg zu ihren Minizielen mit viel Freude zu genießen. Sie brauchen keine riesigen Ziele.

Und es gibt Menschen wie Scott Adams, der sagt: „Ziele sind etwas für Loser." Er sagt es nicht aus Frustration, weil er so erfolglos ist – nein, ganz im Gegenteil. Er ist einer der erfolgreichsten Comic-Zeichner der Welt. Er erfand die Figur Dilbert, dessen Comics täglich in 2000 Zeitungen veröffentlicht werden und ihm damit Millionen bescherten und weiterhin bescheren. Er findet, Ziele seien etwas für Verlierer, weil er ein Fan von Systemen ist. Er erklärt es so: „Zehn Kilo abnehmen zu wollen, ist ein Ziel, mit dem die allermeisten ohnehin scheitern. Ein System wäre es, sich jeden Tag gesund zu ernähren und sich zu bewegen bzw. Sport zu treiben. Da kann man jeden Tag Erfolge erzielen, und das funktioniert."

Ein interessanter Ansatz, wie ich finde. Und letztlich wird derjenige, der 10 Kilo abnehmen möchte, mit diesem System sein Ziel erreichen – insofern bringt ihm seine Aussage zwar dank der Provokation viel Aufmerksamkeit, aber Systeme sind letztlich eben auch nur ein Weg zur Erreichung eines Ziels. Doch ich mag den Ansatz, sich auf Handlungen zu konzentrieren, um unsere Wünsche zu realisieren. Ich mag es, darüber zu reden, wie wir unsere Vorhaben umsetzen, denn darum geht es ja bei der ganzen Diskussion über große Ziele, kleine Ziele oder keine Ziele.

Ich bin heute überzeugt davon, dass Ziele in unserer Leistungsgesellschaft insofern überbewertet sind, als wir uns lieber um den Sinn und Zweck dahinter scheren sollten.

Was will ich mit der Erreichung dieses Zieles denn wirklich? Das scheint mir die eigentliche Frage zu sein. Was steckt dahinter, wenn ich Millionen besitzen oder das Topmodel zur Frau will? Wofür steht die ersehnte Weltreise oder das Haus mit Garten? Was bringt mir der chirurgische Eingriff im Gesicht oder die Fitness-Bademodenfigur? Inwiefern bringt mir der neue Posten in der Firma oder das Wachstum meines Unternehmens etwas?

Die Ziele sind meines Erachtens nicht wirklich wichtig, wenn unser eigentlicher Wunsch dank ihrer realisiert wird. Sie sind sogar leichter austauschbar, wenn der eigentliche Zweck im Vordergrund steht, was in der sich schnell wandelnden Welt immer wichtiger wird. Wenn du deinen Zielen aus den 90er-Jahren noch hinterherhängst, werden viele davon gar nicht mehr zeitgemäß sein. Autos sind dafür ein gutes Beispiel. Nicht nur die Modelle haben sich gewandelt, sondern mittlerweile sogar die ganzen Antriebsarten. Willst du heute noch einen alten Mercedes ohne all die heutigen technischen Highlights wie Spurhaltesystem, Bremsassistent oder automatischen Regensensor – und womöglich mit einem großen, sehr viel Benzin verbrauchenden Ottomotor? Oder doch mittlerweile lieber eines von den nahezu fast selbstfahrenden Vehikeln der nahen Zukunft?

Ich habe Menschen kennengelernt, die eine extreme Zielorientierung brauchten, weil sie ihnen die nötige

Orientierung gab. Und ich kenne Leute, die keine konkreten Ziele brauchen. Sie leben trotzdem erfolgreich und glücklich, weil sie ihrem Leben einen übergeordneten Sinn gaben, aus dem sich alles Weitere ergibt.

Viele Menschen verwechseln zudem ihre eigenen Ziele mit den Zielen anderer. Für so manchen Zeitgenossen spielt dabei das Werbefernsehen, der Arbeitgeber oder auch die eigene Familie eine größere Rolle, als ihm bewusst ist.

Dass alle nur große Ziele haben sollten, ist also nicht nur unlogisch, sondern sogar grober Unfug. Wie bei allen höchst pauschalen Aussagen kommt es auch bei den Zielen entscheidend auf die bisher gemachten Erfahrungen eines Menschen an, auf seine Persönlichkeit, seine Stärken, seine Erkenntnisse und Denkweisen.

Coaching-Lüge Nr. 6: Die 4-Stunden-Woche

Immer mehr Leute erzählen uns, Erfolg sei auch mit wenigen Stunden Arbeit möglich. Doch ist das so? Ist Erfolg ohne großen zeitlichen Einsatz zu haben? Und wenn ja, ist es generell so?

Nun, es mag wohl sein, dass manch glücklicher „Zufall“ keines großen zeitlichen Einsatzes bedarf. Und natürlich können wir unseren Erfolg nicht am zeitlichen Einsatz bemessen, denn am Ende zählt immer nur das Ergebnis. Wir müssen sogar sehr genau darauf achten, wie und wo wir unsere Zeit investieren.

Doch auch mit dieser Botschaft wird mehr Unheil

angerichtet als Nutzen gestiftet. Denn natürlich sollte sich im Leben nicht alles nur um Arbeit drehen. Doch sind nur vier Stunden wirklich realistisch? In der Woche? Morgens schön ausschlafen, dann ein Käffchen. Danach vielleicht eine Runde Meditation, die Zeitung lesen und gegen 14 Uhr anfangen zu arbeiten. Aber nur ganz kurz, denn mehr als vier Stunden pro Woche sollen es ja nicht werden. Brauche es für den gigantischen Erfolg auch nicht, behaupten manche. Und weil sich das alles unglaublich toll anhört, schrieb sogar mal jemand ein Buch darüber. Es wurde ein Bestseller. Wohl einfach deswegen, da es das Wunschdenken von Millionen Menschen beflügelte.

Nebenbei erwähnt: Ich würde gern jemanden treffen, dem das wirklich gelungen ist. Also jemanden wie du und ich, der als Unternehmer oder Angestellter seiner Arbeit nachgeht und nach nur vier Stunden pro Woche fette Gewinne oder ein gutes Einkommen einstreicht. Dauerhaft! Der Autor des Bestsellers gehört jedenfalls nicht dazu, wie er selbst zugibt.

Und auch sonst kenne ich niemanden! Und ich kenne wirklich viele sehr erfolgreiche Unternehmer. Ich selbst bin wohl auch nicht ganz unerfolgreich, aber ja vielleicht auch nur zu dumm dafür, das alles in vier Stunden hinzukriegen.

Wenn diese Aussage nicht dazu beitragen würde, Menschen in die Irre zu führen, könnte man herzlich darüber lachen. Aber eigentlich ist es eben nicht einmal zum Schmunzeln. Warum? Weil die Aussage falsche Tatsachen vorgaukelt. Sie vermittelt, dass uns der Erfolg von allein in den Schoß fällt. Ohne Anstrengung oder Zeitinvestition, einfach per Fingerschnipsen.

Und wieder sind all diejenigen, denen es nicht gelingt, die Gefrusteten. Sie glauben, sie wären zu dumm oder unfähig.

Sie geben etwas auf, das mit ein wenig mehr Engagement richtig gut hätte werden können. Aber dann würde es regelrecht wertlos erscheinen, ist es doch schließlich nur mit großem Einsatz erreicht worden. Insofern erstickt diese Botschaft nicht nur den Einsatz im Keim und verhindert damit Leistung und Erfolg, sondern wertet auch noch erzielte Erfolge ab.

Keine Wirkung ohne Ursache, kein Ergebnis ohne Einsatz. Der Einsatz von Zeit spielt immer eine Rolle, und wir können ihn sicher für uns selbst minimieren, indem wir ihn auf andere übertragen. Doch selbst das will gelernt sein und erfordert erst einmal wieder den Einsatz von Zeit.

So läuft es im realen Leben. Der Rest ist reine Träumerei.

Coaching-Lüge Nr. 7: Du bist für alles selbst verantwortlich.

Eine andere Kategorie von Botschaften ist die oben genannte. Hier geht es scheinbar mal nicht darum, wie einfach alles sei. Doch bei genauer Betrachtung geht es leider auch in diese Richtung. Denn die Aussage unterstellt, dass du alles selbst in der Hand hast. Wenn es mal nur so einfach wäre.

Ich bin bekanntermaßen ein Fan davon, Verantwortung zu übernehmen, und sehe den Schlüssel zum Erfolg auch genau darin. Doch dabei geht es eben nicht darum, für alles und jeden Verantwortung zu übernehmen, sondern das richtige Maß zu finden. Wir müssen Verantwortung stellenweise auch zurückweisen, um glücklich und erfolgreich zu sein.

Für viele Dinge mag das „Mehr Verantwortung übernehmen" zutreffen, aber längst nicht für alle und alles. Viele Menschen müssen aus dem Opfermodus herauskommen und mehr Eigenverantwortung leben, doch genug Leute tun das bereits im Übermaß und machen sich das Leben schwer, weil sie sich auch dort verantwortlich fühlen, wo sie keinen nennenswerten Einfluss haben.

Konntest du irgendetwas daran beeinflussen, wann und wo genau du zur Welt gekommen bist oder wie deine Eltern dich erzogen haben? Wie groß ist dein Anteil daran, wie das Wetter morgen oder nächsten Sonntag wird? Wie stark ist dein Einfluss auf die Entscheidungen in der Politik oder auch nur in der Vorstandsetage deiner oder einer anderen Firma? Bist du zuständig für die Weltpopulation der Ameisen oder den Klimawandel? Selbstverständlich, jedwedes Verhalten hat einen gewissen Einfluss. Und doch gibt es viele Bereiche, da geht dein Wirken gegen null. Selbst Superman bräche zusammen, würde man alle Verantwortung dieser Welt allein auf seine Schultern legen.

Du bist also sehr wohl für viele Dinge in deinem Leben verantwortlich. Diese sind im Verhältnis zur Gesamtheit der Verantwortung auf dieser Welt jedoch recht überschaubar. Und du bist auch nicht für jeden Misserfolg und schon gar nicht für jedes Ereignis, das in deinem eigenen Leben auftrat, allein verantwortlich. Am Ende bist du es nur dafür, wie du damit umgehst. Das jedoch ist wieder ein ganz anderes Thema.

Exakt das Gleiche gilt natürlich für jeden einzelnen Menschen auf dieser Erde. Daraus wird ersichtlich, dass wir in einem System leben, in dem wir alle doch sehr voneinander abhängig sind. Wenn dein Friseur heute also keine

Lust auf Arbeit hat und seinen Laden geschlossen lässt, dann liegt das nicht in deiner Verantwortung, sondern in seiner. Und doch betrifft es dich, denn du bist mehr oder weniger von ihm abhängig und verlässt dich grundsätzlich auf seine Terminzusage. Du kannst nun also auf den geschlossenen Friseursalon und deinen ausgefallenen Termin verweisen, wenn du bei einem wichtigen Termin nicht so aussiehst, wie du aussehen solltest. Doch für dein Erscheinungsbild bleibst du verantwortlich. Was du also daraus machst, obliegt allein deiner Verantwortung.

Vielleicht konnte der Friseur sein Geschäft auch nicht öffnen, weil er selbst auf andere angewiesen war, die ihrer Verantwortung nicht gerecht wurden – Vermieter, Stromanbieter, Wasserlieferant o. Ä. –, doch am Ende bleibt eben auch er für seinen Laden verantwortlich.

Somit trägt jeder in seinem Bereich Verantwortung und damit innerhalb des Systems auch ein Stück weit für andere: deine Eltern für dich, wenn du klein bist. Die Lehrer in der Schule für deine Kinder. Der Arzt, wenn er dir den Blinddarm herausoperiert, oder dein Arbeitgeber, der dir pünktlich jeden Monat dein Gehalt überweist. So gesehen, gibst du sogar verdammt viel Verantwortung an andere Menschen ab. Und das musst du sogar!

Noch einmal: Wenn andere ihrer Verantwortung nicht gerecht werden und du darunter leidest, dann bist du zwar nicht für das Ergebnis verantwortlich, aber dafür, was du daraus machst. Das gilt für die Entscheidungen der Regierung im Großen wie für das Handeln deines Ehepartners im Kleinen. Manchmal geraten wir eben auch durch die nicht eingelöste Verantwortung anderer in brenzlige Situationen und missliche Lagen. Am Ende sind es manchmal ein paar

Herausforderungen zu viel für den Einzelnen, für die er einstehen muss. So einfach ist es zu erklären, dass Menschen in Obdachlosigkeit geraten, und dieses Bewusstsein könnte uns mit Blick auf das Verständnis anderer und damit unsere Mitmenschlichkeit sehr hilfreich sein.

Du solltest dich nicht verrückt machen lassen und dir nicht sagen lassen, du seist für alles verantwortlich – auch nicht für alles, was in deinem eigenen Leben passiert. Das bist du ganz sicher nicht.

Und weil das so ist, sollten wir durchaus auch mal spontan für andere in die Bresche springen und ein klitzeklein wenig Verantwortung für jemanden übernehmen, der gerade unsere Hilfe gebrauchen könnte. Dann wäre das eine runde und schöne Sache in diesem System.

Coaching-Lüge Nr. 8: Mach das Gegenteil dessen, was die Masse tut.

In den Erfolgskursen der 80er- und 90er-Jahre verwies man gern darauf, dass es dem eigenen Erfolg wenig dienlich sei, der Masse zu folgen. Kein Geringerer als der amerikanische Managementtrainer Earl Nightingale brachte voller Ironie den Spruch: „Masse, wir folgen dir, denn du wirst es schon wissen." Doch inzwischen ist eine Menge geschehen, und die Gesellschaft hat sich längst in eine ganz andere Richtung entwickelt.

Natürlich ist es weiterhin nicht ratsam, der Masse blind zu folgen, doch kann sich die Masse denn grundsätzlich und in allem irren?

Ich glaube nicht, und vieles gibt mir in dieser Annahme recht. Heutzutage aber will keiner mehr „normal“ sein – hip ist es, anders zu sein. Der Mensch strebt heute viel mehr nach Bedeutung über die äußere Wahrnehmung als in früheren Zeiten. Und tatsächlich, immer wieder neue Formen des Andersseins werden z. B. in den modernen TV-Formaten kreiert und eröffnen den Beteiligten die Möglichkeiten einer meist sehr kurzen Karriere. Viel zu schnelllebig aber sind diese Angebote, und so ist das, was heute noch anders und dementsprechend auffällig ist und sich dadurch gut vermarkten lässt, morgen schon „normal“ und damit wieder „weg vom Fenster“.

Doch dieser kurze Moment des Erfolgs wird so grandios vermarktet, dass Millionen junger und weniger junger Leute nicht mehr das Bedürfnis haben, besonders gut zu sein, sondern nur noch aus der Rolle fallen wollen. Wir haben uns von dem Leistungsgedanken insoweit entfernt, als dass es schon als Leistung angesehen wird, besonders gut zu performen – also anders als andere zu erscheinen bzw. zu sein.

Der Zeitgeist und viele meiner Coaching-Kollegen raten dir deshalb, du müsstest einfach nur das Gegenteil von dem tun, was alle machen, um erfolgreich zu sein. Die irrwitzigen Auswirkungen waren in der Pandemie deutlich zu spüren. Von den Anders-sein-Wollenden wurden nicht mehr die über Jahrhunderte mühselig in der Wissenschaft erzielten Erkenntnisse geschätzt, sondern viele weniger fundierte Meinungen einiger Andersdenkender.

„Hauptsache anders“ bekam eine völlig neue Dimension.

Vielleicht solltest du mal versuchen, anders zu atmen. Also nicht so zu atmen wie alle. Oder zu sehen, hören, laufen, reden. Du verstehst, was ich meine. Beim Irrwitz dieser Coaching-Lüge, die viel zu oft propagiert wird, kann ich nur sarkastisch werden. Denn für mich kann es total Sinn ergeben, ganz normale Kleidung am Leib zu tragen, um sich z. B. vor Witterungseinflüssen zu schützen. Oder in die Schule gegangen zu sein und einen Beruf erlernt zu haben. Oder beispielsweise weniger Geld auszugeben als einzunehmen. Ich weiß, das klingt etwas öde, könnte aber im Leben extrem nützlich sein.

Manchmal ist es ziemlich vorteilhaft, etwas zu tun, was alle nahezu genauso auf dieselbe Weise tun. Ganz oft ist das sogar richtig gut – verdammt gut!

Coaching-Lüge Nr. 9: Gib niemals auf!

Ich wette, du kennst die Geschichte mit dem Frosch in der Milch …

„Hast du etwa aufgegeben? Mach doch so etwas nicht! Du weißt doch gar nicht, wie kurz vor dem Ziel du schon gewesen bist.“ Ja, diese Sätze kennen du und ich nur allzu gut, nicht wahr?! Sie stammen allesamt woher? Es mag kaum verwundern: natürlich aus den Mündern diverser sogenannter Motivationsexperten.

Ich halte mal mit diesem Satz dagegen: Wenn du jetzt nicht endlich aufgibst, wirst du in zehn Jahren immer noch nicht begriffen haben, dass es da nicht weitergeht.

Manchmal ist es furchtbar sinnvoll, die Flinte ins Korn zu werfen. Natürlich könntest du auch mitten in Wanne-Eickel auf dem Grundstück deiner Oma nach Öl bohren oder Gold graben. Ja, mach das! Und denk daran: Niemals aufgeben! Wer weiß, vielleicht – in 100 Jahren oder so – stößt du ja auf einen großen Fund.

Ich tippe zwar eher nein, egal wie tief du buddelst, aber ich kann mich irren, und du wirst doch fündig.

Es gibt Tausende Beispiele verschiedenster Art, bei denen es exakt so ablaufen wird wie im Garten deiner Oma. Das Leben ist einfach viel differenzierter und diese Coaching-Lüge daher völliger Nonsens. In dieser Pauschalität ist die Aussage schlichtweg falsch. In dem einen Fall macht es Sinn, an der großen Liebe des Lebens dranzubleiben, in einem anderen Fall ist es schlichtweg Zeitvergeudung.

Wirklich clever ist also derjenige, der rechtzeitig merkt, wann das Aufgeben und damit eine Richtungsänderung die beste Entscheidung ist. Und bei welcher Gelegenheit es wiederum gut wäre, die Zähne doch noch etwas zusammenzubeißen und am anvisierten Ziel festzuhalten.

Coaching-Lüge Nr. 10: Bewerte nicht.

Zweifelsohne sollst du bitte nicht werten im Sinne von abwerten – und bitte auch nichts und niemanden verurteilen. Dennoch halte ich Bewertungen für überlebenswichtig und empfinde den Aufschrei dagegen als reine Unüberlegtheit.

Wir alle brauchen Orientierung, von Kindesbeinen an. Wenn wir nicht bewerten könnten, würden wir nie erfahren, was richtig und falsch ist, nicht nur im Mathe-Unterricht.

Wenn wir die persönliche Bewertung abstellen würden, könnten wir keine eigenen Wege finden, denn was für den einen anziehend und den anderen abstoßend ist, wäre für uns nur neutral.

Wir brauchen auch die Bewertung, um uns zu messen, nicht nur mit anderen, sondern vor allem mit uns selbst. Wir brauchen sie, um uns eine eigene Meinung zu bilden.

Aber Achtung vor den Achtsamkeitspolizisten. Sie lauern an jeder Ecke, und wehe, sie bekommen mit, dass du andere Menschen oder Situationen noch immer bewertest. Pfui, wie böse! Das elfte Gebot dieser Leute lautet schließlich, auf keinen Fall und niemals irgendwen oder irgendetwas zu bewerten. Doch hoffentlich merkt es niemand, dass du es trotzdem weiter tust, selbst wenn du es dir verboten hast.

Doch ich möchte dich geradezu ermuntern, es weiter zu tun. Hör bitte nicht auf damit, aus dem folgenden Grund: Du hast bestimmte Werte, nach denen du dein Leben ausrichtest, eventuell sind sie dir sogar bewusst. Doch ob bewusst oder unbewusst, jeder Mensch lebt nach seinen eigenen Werten, die jeden Einzelnen wie einen Kompass durchs Leben führen. Auf dieser Reise begegnen wir anderen Menschen und vielen Meinungen, und wir werden mit den unterschiedlichsten Situationen konfrontiert. Unser inneres Wertesystem vergleicht das alles vollautomatisch mit dem eigenen Kompass. Und das muss es auch. Wie sollten wir sonst erkennen, ob etwas für uns gut ist, mittelmäßig, schlecht oder gar ganz großer Mist?

Nicht mehr werten zu dürfen, wäre so, als würde man dir ab sofort verbieten, Durst zu haben. Funktioniert auch nicht, oder? Die Achtsamkeitspolizei hat übrigens selber auch Durst, und natürlich hat sie wie alle anderen Menschen auch diesen inneren Kompass. Selbst wenn sie noch so laut beteuert: „Nein, wir doch nicht! Wir gehen völlig wertfrei durchs Leben!“

Natürlich solltest du deine Werte nie über die anderer stellen. Deine Meinungen und deine Haltung sind ja nicht die einzig richtigen und daher nicht allgemeingültig für alle. Für dich persönlich dagegen schon, und das sollte auch unbedingt so bleiben.

Coaching-Lüge Nr. 11: Du musst nur deine Glaubenssätze ändern.

Diese Glaubenssätze sind anscheinend eine echte Plage. Schenkt man einigen Coaches dieser Republik Glauben, sind sie ursächlich dafür verantwortlich, wenn die Dinge in deinem Leben nicht so laufen, wie sie sollen. Dann ist sehr schnell die Rede davon, sie mal eben umzuprogrammieren. Denn seit der Neurolinguistischen Programmierung meinen Tausende, sich selbst überschätzend und wenig durchdacht, Gehirne programmieren zu können.

Aber was sind überhaupt Glaubenssätze? Die Antwort darauf ist gar nicht so aufregend, wie es zu vermuten wäre. Es sind schlicht Sätze, denen du Glauben schenkst – also deine Überzeugungen. Deine Überzeugungen oder Glaubenssätze entstehen einfach durch deine Erfahrungen bzw. durch die Summe deiner Erfahrungen.

Wenn es im Coaching um Wohlstand und Reichtum geht, wird gern darauf verwiesen, dass wir schon in der Kindheit

Überzeugungen gebildet hätten, die uns vom Geld bzw. Reichwerden fernhalten würden.

Wie fast jedes Kind hast auch du bestimmt mal ein Geldstück in den Mund genommen oder gar abgelutscht. „Igitt, das hatten schon 100 Leute in den Händen, nimm das nicht in den Mund, das ist doch schmutzig!", sagte meine Mutter dann. Sie bekam keinen Herzinfarkt vor Sorge, aber natürlich wollte sie nicht, dass wir Kinder uns dabei Krankheiten einfangen. Was deine Mutter gesagt hat, weiß ich natürlich nicht, aber es wird vermutlich ähnlich gewesen sein – wie bei den meisten anderen Menschen auch. Und hierbei soll nun ein Glaubenssatz entstanden sein, der uns beigebracht hat, Geld sei nicht gut für uns: „Geld ist schmutzig."

Als Erwachsene kommen viele, finanziell gesehen, einfach nie auf einen grünen Zweig. Sind dann jetzt die Mütter mit ihren Aussagen zu dieser Erfahrung und ein dadurch negativ entstandener Glaubenssatz schuld daran?

Warum jemand diesen Quatsch glaubt, kann eigentlich nur damit zu tun haben, dass er sich damit von seiner bisherigen Unfähigkeit reinwaschen kann. Dann war es nämlich dieser Glaubenssatz aus der Vergangenheit und nicht sein eigenes Verhalten. Er kann sich wunderbar in der Opferrolle suhlen und die Schuld von sich weisen.

Müsstest du jetzt für die Umprogrammierung, wie vielfach von den Geldtrainern empfohlen, deine Geldscheine mit einem Küsschen verabschieden, ihnen eine gute Reise wünschen und mit auf den Weg geben, dass sie bald wiederkommen und viele Freunde mitbringen sollen: Was dann? Ich kann dir versichern, ich habe das und vieles mehr alles mitgemacht – aber das waren nicht die Dinge, die meinen Finanzstatus schließlich wirklich verändert haben. Natürlich brauchst du eine gute Einstellung zum Geld. Es aber zu liebkosen, ist alles andere als nötig.

Denn warum hat Egon ein fettes Bankkonto, obwohl seine Mutter in der gleichen Situation das Gleiche zu ihm sagte? Egon ist weder besonders freundlich zu seinen Moneten, noch glaubt er an den Geist in der Münze. Egon rechnet lieber, er ist an seinen Einnahmen stark interessiert und steigert diese kontinuierlich. Obendrein gibt er weniger Geld aus, als er einnimmt, und spart bzw. investiert die Differenz. Ja, er kümmert sich sogar um die Investitionsmöglichkeiten und überlässt diese Arbeit nicht vollständig irgendwelchen fremden Beratern, die bekanntlich nicht selten an dem eigenen Verdienst aus der Vermittlung interessiert sind.

Meinst du, du müsstest deinen Glaubenssatz ändern, um das genauso oder zumindest ähnlich zu machen? Brauchst du eine Umprogrammierung, um dich für Einnahmen zu interessieren, deine Ausgaben zu kontrollieren und Investitionsmöglichkeiten zu erschließen? Na ja, wer's glaubt.

Coaching-Lüge Nr. 12: Widme den negativen Dingen keine Energie.

Ein wirklich netter Ansatz, wenn diese dann mal so einfach verschwinden würden. Tun sie aber nicht!

Die Lichtgestalten und Love-in-Peace-Leute unter uns finden, dass mit Liebe einfach alles im Leben funktioniert. Sogar das Böse verschwinde von ganz allein, wenn man es nicht beachte und ihm ganz viel Liebe schenke. Darüber kann

Peter nur den Kopf schütteln. Er ist 14 und wird in der Schule gemobbt. Also schenkt er den Mobbern seine ganze Liebe. Leider gibt es trotzdem kein Happy End für Peter, sondern ein hochkarätiges Drama inklusive Ausflug in die Notaufnahme.

Ein weiteres Beispiel ist Elenya. Sie stammt aus Syrien und musste traumatisierende Kriegserfahrungen machen. Sie könnte an der Stelle ja auch mal probieren, ihre Regierung und alle, die dafür verantwortlich sind, superlieb zu haben und diesen Krieg eben einfach nicht zu beachten. Da sie das deutlich anders sieht, flüchtete sie aus ihrer Heimat mit nichts als ihren Kleidern am Leib, denn sie hatte schlichtweg Angst um ihr Leben!

Mit dem Angriff Russlands auf die Ukraine sind die Stimmen, die das propagieren, leiser geworden. Offenbar stärkt die Nähe der gewalttätigen Gräueltaten die Vernunft. Die Frage an gewisse Lichtgestalten da draußen sei trotzdem erlaubt: Glauben Sie wirklich an diesen Unfug, den Sie da verbreiten? Meinen Sie tatsächlich, Herrn Putin interessieren Ihre warmen Worte?

Ich finde es wichtig, klare Grenzen zu ziehen. Toleranz und Verständnis sind sehr wichtige Werte, die man für sich selbst definieren und damit gleichzeitig festlegen muss, wann genau diese Grenzen überschritten sind und was dann die Konsequenz ist. In meiner Logik dürfen die negativen Ursachen dann erst mal beseitigt werden, bevor man neue, positive Akzente setzt. Falls du einen Garten hast, kennst du das Problem: Zunächst gehst du dem ganzen Unkraut an den Kragen – danach bepflanzt du dein Gemüsebeet.

Natürlich könnte man gemäß den Lichtgestalten das Unkraut auch lediglich sehr, sehr lieb haben. Mit dem eigenen Salat aus dem Garten wird's in dem Fall aber wohl nichts …

Coaching-Lüge Nr. 13: Einfach positiv denken.

Positives Denken ist bis heute in aller Munde und mag sich gut anfühlen, bringt aber eine Menge Probleme mit sich. Denn viele nehmen ihre Herausforderungen nicht mehr ernst genug, beruhigen sich mit ihren positiven Gedanken selbst und suchen gar nicht mehr nach Lösungen.

Sie schaffen sich eine Welt, die nur noch rosarot ist. Dort ist alles wunderbar und geht am Ende gut aus. Weil sie positiv denken. Ja, sie schweben förmlich durch diese Welt des Positiven und merken dabei gar nicht mehr, dass es auch noch eine Realität gibt. Blöd nur, dass die trotzdem existiert. Das wollen sie aber in ihrer nonstop positiven Welt nicht hören, also holt sie die Realität irgendwann ein. Meist insofern, als dass sie einen rasanten Absturz aus dem Höhenflug erleben. Und der tut dann bekanntermaßen richtig weh!

Selbstverständlich nützt es niemandem etwas, in Dramen zu denken. Natürlich ist es klug, sich grundsätzlich dem Positiven zuzuwenden. Vor allem für Menschen, die eher negativ geprägt sind. Es gibt aber auch andere wie mich. Ich war bereits in jungen Jahren bis in die Haarspitzen von Hause aus positiv und hätte eher kritisches Denken benötigt. Aber ich traf zusätzlich noch auf das Thema „Positives Denken“ in Form von Seminaren und Büchern und befeuerte meinen ohnehin schon positiv ausgerichteten Geist vehement damit. Mit meiner Veranlagung hätte ich wohl eher solche Bücher lesen sollen, die mich gelehrt hätten, auf dem Teppich zu bleiben oder zu prüfen, was ich übersehen hatte. Wohl auch deshalb hat mich dann viel später das Thema „Verantwortung“ gefunden.

Zu viel von etwas, egal in welcher Angelegenheit, führt selten zur Verbesserung, sondern endet meist im Drama. Mich führte das bereits in jungen Jahren in die erste echte Pleite, denn infolge meines übermächtigen Positivdenkens konnte mich nichts mehr ängstigen, oder anders gesagt nahm ich nichts mehr wirklich ernst. Denn es geht ja sowieso am Ende alles gut aus, dachte ich. So hatte ich viel zu viele und viel zu hohe Rechnungen einerseits und auf der anderen Seite viel zu wenige und unregelmäßige Einnahmen. Doch in meinem Kopf war das immer so lange kein Problem, bis es kaum noch zu bewältigen war. Ich glaube mich zu erinnern, noch zwei Mal großes Glück gehabt zu haben (oder vielmehr meinen Vater hinter mir). Beim dritten Mal hatte ich dann ein echtes Problem, das mir die erste wirtschaftliche Pleite bescherte.

„Das wird schon", war meine Einstellung, die aber nicht durch Tatsachen, sondern nur durch das Prinzip Hoffnung begründet war. Oder anders ausgedrückt: Ich redete mir die Dinge gnadenlos schön.

„Hast du nun endlich kapiert, wie's geht?", fragte mich die Realität unmittelbar nach dem Absturz und holte mich damit auf den rechten Weg zurück. „Ja, hab ich! Alles nur positiv sehen zu wollen, führt schlichtweg zur Verblödung", antworte ich heute und mache mir damit selten Freunde. Ist mir egal, denn ich weiß, wovon ich spreche.

Coaching-Lüge Nr. 14: Ängste überwinden.

Wir sollen unsere Ängste überwinden, damit wir erfolgreicher sein können – so hört man es ständig. Doch was ist dran an der Aussage? Wie viel Wahrheit steckt dahinter?

Zuerst einmal möchte ich mich bei mir selbst bedanken, dass ich nicht immer auf diesen Rat gehört habe. Denn ich zum Beispiel habe große Angst vor der Höhe und bin heute sehr froh darüber. Warum? Weil ich viel später feststellte, dass ich über einen ziemlich miserablen Gleichgewichtssinn verfüge. Man stelle sich vor, ich hätte keine Höhenangst …

Angst ist in vielerlei Hinsicht ein nützlicher Faktor und sehr oft ein guter Wegweiser. Und in manchen Fällen sogar überlebenswichtig!

Wenn du keine Angst davor hättest, Unbekanntes zu essen, wäre dir eine Vergiftung ziemlich sicher. Wenn du keine Angst vor dem offenen Meer und seinen manchmal riesigen Wogen hättest, würdest du vermutlich schon sehr bald ertrinken.

Natürlich ist nicht jede Angst förderlich für unseren Entwicklungsprozess, und manche Angstattacke machte nur in der Vergangenheit Sinn, ist aber längst obsolet. Dann kannst du dich getrost daranmachen, deine Ängste zu überwinden. Aber schau doch als Erstes einfach, wofür diese Angst gut war oder ist. Die Angst wahrzunehmen und anzunehmen, ist in ernst zu nehmenden Therapien die Grundlage für jeden weiteren Schritt.

Nur in der Coaching-Szene ist die Meinung noch immer sehr verbreitet, dass die Angst unser Feind sei und daher unbedingt aus unserem Leben verschwinden müsse. Wohl auch, weil so eine Angst extrem unangenehm sein kann, dieses lähmende Gefühl, die schlotternden Knie, die Atemnot und so weiter.

Was ist aber, wenn die Angst sich verselbstständigt oder

krank macht? Egal wie, das Grundprinzip der Angst ist letztlich immer dasselbe: Sie möchte uns etwas mitteilen. Daher wäre es prima, wir würden sie wie einen guten Freund behandeln, anstatt wie einen Feind, und darauf achten, was sie uns sagen möchte.

Coaching-Lüge Nr. 15: Fake it til you make it.

„Täusche es vor, bis du es schaffst." Eigentlich sagt der Satz ja schon alles. Täuschung. Täusche dich und andere. In Deutschland ist das eigentlich Betrug, und Betrug steht durch das StGB unter Strafe. Aber vielleicht ist das auch eine ganz gute Beschreibung für die deutsche Coaching-Szene.

Insgesamt ein sehr schwieriges Thema. Es kann durchaus nützlich sein, eine Haltung einzunehmen, die dem gewünschten Ziel nahekommt. Doch der Grat ist schmal. So zu tun, als wäre etwas bereits so, wird heute als geschicktes Marketing durchgewinkt. Da wird gerade bei Speakern, Coaches und Beratern mit gekauften Siegeln und Pokalen gearbeitet, um den künftigen Kunden zu signalisieren, man hätte es mit einer echten Koryphäe unter den Experten zu tun. Tatsächlich handelt es sich aber oft nicht einmal um einen Experten. Und schon um gar keinen, der eine Auszeichnung verdient.

Aber das ist leider ein gesamtgesellschaftliches Problem geworden und hat auch etwas mit Werteverfall zu tun. Noch vor einiger Zeit hätte sich niemand mit solchen Auszeichnungen gebrüstet, heute geht es schon fast nicht mehr ohne: weil es alle anderen eben auch machen und jeder sein Geschäft so betreiben muss, dass er auch Kunden gewinnt. Dafür gibt es mittlerweile allein ein paar 100 gute und weniger gute Berater, die sich nur der Positionierung und Inszenierung gewidmet haben. Und natürlich muss sich jeder so gut wie möglich verkaufen.

Aber gehört dazu auch zu täuschen? Also über die Wahrheit zu täuschen? Mir selbst etwas vorzumachen, finde ich dabei schon schlimm, aber der Betrug bleibt im eigenen Hause, und die Konsequenzen muss jeder für sich selbst ertragen. Denn ja, ich glaube, es hat Konsequenzen. Und zwar nicht nur positive.

Ich kann mir dadurch selbst dabei helfen, mich schon einmal wie ein erfolgreicher oder sogar wie ein reicher Mann zu fühlen und mich mit der Rolle anzufreunden. Das hat auch den Vorteil, ziemlich schnell zu merken, ob das Erstrebte wirklich so erstrebenswert ist. Und ich stelle mein Denken und Handeln um, sodass die Chancen steigen, entsprechende Gelegenheiten zu erkennen und sogar zu kreieren, die dem gewünschten Ziele dienlich sind. Aber wenn ich mir selbst die Unwahrheit erzähle, weiß ich doch ganz genau, dass es nicht der Wahrheit entspricht. Und meines Erachtens macht das nicht nur etwas mit meinen heutigen Gefühlen, sondern auch den künftigen. Selbst wenn ein Erfolg daraus entsteht, so weiß ich doch immer, dass mein Erfolg durch einen kleinen oder großen Schwindel entstanden ist. Meine Psyche wird das wohl nicht so einfach vergessen.

Ich weiß es nicht, ich bin im Detail kein Kenner dieser Wissenschaft, aber immerhin besteht die Gefahr. Und die noch weitaus größere Gefahr besteht meines Erachtens zudem darin, dass mein Verhalten wirklich darauf ausgerichtet ist, als sei es schon so. Damit ist der Weg zum Hochstapler nicht mehr weit. So wird derjenige, der nach Reichtum strebt, schnell zum Mann der Känguru-Finanzen: große Sprünge mit leerem Beutel.

Noch schwieriger finde ich es aber mit Blick auf die anderen. Denn das Gegenüber hat keine Chance, den kleinen Schwindel zu durchschauen, wenn er gut gemacht ist. Du hast dann also nur Erfolg, weil du den anderen getäuscht hast. Nun kannst du dir und den anderen natürlich einreden, es sei alles zu seinem Besten, doch es bleibt ein durchaus fragwürdiger Erfolg.

Coaching-Lüge Nr. 16: Raus aus der Komfortzone.

Auch so ein modernes Unwort: Komfortzone. Jeder redet von ihr, aber was soll das sein? Die komfortable Zone eines Menschen? Komfort kommt von „Bequemlichkeit", und die Formulierung ist damit offenbar nur etwas freundlicher gewählt, als wenn man sagte: „Du bist bequem." Bequem wird wiederum schnell verwechselt mit „faul", doch es heißt nichts weiter, als dass es dir gut geht, im Sinne von wohlig und passend – weit entfernt von Unbehagen, Beschwerden und Anstrengungen –, es ist also gar nicht so schlecht.

Warum solltest du aus dieser Zone also ständig rauswollen, wo doch alles passt und du dich wohlfühlst? Kaum einer macht sich Gedanken, was diese Komfortzone demnach wirklich meint und welche Funktion sie hat.

Stets heißt es, du solltest sofort hochkommen mit deinem faulen Hintern und dich aus dieser bequemen Zone herausbegeben. Ist ja ungeheuerlich, dass du immer noch lässig darin sitzen bleibst, anstatt ihr ein für alle Mal Adieu zu sagen. Genau das verlangen die Kontra-Komfortzone-Fans von dir. Klingt furchtbar, ist aber dermaßen hip geworden in den letzten Jahren – und das Wort „Komfortzone“ damit eines der abgenudeltsten überhaupt in der gesamten Coaching-Szene.

Angeblich ist die Komfortzone deswegen so schlecht, weil es kein Wachstum und keine Entwicklung in ihr gebe. Ich finde das ungeheuerlich und warne vor dieser Sichtweise. Ich schätze meine Komfortzone sehr. Jeden Tag! Das tue ich deswegen, da es mein gewohnter Bereich ist, der mir Sicherheit gibt. Ich kann darin aufatmen, relaxen, mich wohlfühlen und sortieren. Dazu braucht es eine solche gewohnte „Umgebung“ wie diese.

Natürlich will ich zwischendurch auch schauen, was es außerhalb dessen Spannendes für mich zu entdecken gibt. Schließlich wird mir ausgesprochen schnell langweilig, und ich brauche die Abwechslung. Doch ohne meinen Sicherheitsbereich, in den ich mich wieder zurückziehen kann, wäre das gar nicht möglich.

Und die meisten Menschen sind sogar noch sehr viel sicherheitsbedachter als ich, schauen dann und wann vorsichtig aus ihrer Komfortzone heraus und in die für sie noch fremden Gebiete hinein. Das macht immer ein bisschen Angst, ist aber in jedem Fall ziemlich aufregend. So atmen sie manchmal dreimal tief durch und wagen es. Doch nach diesem Ausflug müssen sie sich dann wieder wohlig in ihre

Komfortzone zurückziehen können, um sich auszuruhen und die Eindrücke ihres Tuns zu verarbeiten.

Die Komfortzone ist daher gar nicht so übel, wie immer behauptet wird, sondern sogar dringend notwendig. Noch einmal: Warum sollten wir sie also ständig verlassen?

Ich würde es vielmehr so formulieren, dass wir sie mit unseren Ausflügen über den Tellerrand hinaus stückweise erweitern. Hier ein kleiner Bereich, der dazukommt. Da noch einer. Niemals und für kein Geld der Welt würde der Mensch einen solchen Sicherheitsbereich freiwillig ganz zurücklassen. Und wenn du clever bist, tust du es auch nicht.

Coaching-Lüge Nr. 17: Die Berufung finden.

Ja, es ist großartig, seine Berufung zu finden. Aber was heißt das eigentlich, seine Berufung finden? Im Allgemeinen verstehen wir darunter den Sinn des eigenen Tuns, die Aufgabe, für die es sich lohnt, sein Leben einzusetzen. Es geht also nicht darum, wie so oft geschlussfolgert wird, nur noch Dinge zu machen, die uns Freude bereiten, sondern eigentlich um das genaue Gegenteil. Dies ist ein langer Weg und intensiver Prozess, der sehr viele Erfahrungen erfordert, die manchmal weit entfernt von unserer ursprünglich gedachten Bestimmung liegen. Wir müssen uns erst einmal Zeit und Raum dafür geben, um sie überhaupt zu finden. Aber das Allerwichtigste: Wir müssen erkennen, dass Berufung nicht bedeutet, dass alles Spaß macht oder machen muss!

Friedhelm etwa würde mächtig gern glücklich und gleichzeitig erfolgreich sein, also sucht er seine Berufung, wie ihm das die vielen Coaches auf den Social-Media-Kanälen übermitteln. Er sucht und sucht, und nach einem verdammt teuren Berufungsfindungs-Seminar schnackelt es endlich bei ihm. Und so macht er sich im Lichte dieser Erkenntnis auf, sein Leben neu zu gestalten. Die Berufung selbst, da kann er sich nicht beschweren – die ist wirklich top. Nur sagte ihm vorab niemand, dass noch sehr viel mehr dazugehört als nur das Finden einer Berufung, um als Unternehmer damit erfolgreich durchzustarten. Akquise zum Beispiel oder das Verhandeln mit potenziellen Kunden. Bei aller Liebe, aber das ist für Friedhelm ein Gräuel. Das Ende vom Lied: Mit dem Erfolg wird es daher leider nichts, und so recht glücklich ist er trotz aller Berufung leider auch nicht.

Lieber Friedhelm – und liebe Leserin, lieber Leser –, es ist völlig okay so, wie es ist. Es gibt Menschen, die beruflich auf ihre Berufung und Bestimmung pfeifen und dennoch happy sind. Manchmal gehen sie in ihrer Freizeit einem Ehrenamt nach oder fühlen sich zu anderen Dingen berufen, die sie glücklich machen. Sie haben einen anderen inneren Antrieb und finden diese berufliche Sinnsuche deswegen ziemlich absurd. Eine Menge, ja sogar unzählig viele glückliche wie auch erfolgreiche Menschen tummeln sich also auf dieser schönen Welt – völlig berufungsfrei. Und das ist auch gut so, denn diese Menschen brauchen wir an der Stelle dringend.

Gar nicht auszudenken, sie würden sich jetzt alle auf den Weg machen, um ihre Berufung zu suchen. In dem Fall müssten wir uns wohl nicht nur von unseren Wirtschafts-, Schul- und Gesundheitssystemen verabschieden. Die sind zwar sicher überholungsbedürftig, aber dennoch sehr wertvoll und damit gar nicht so schlecht wie ihr Ruf. Wir hätten vermutlich keinen Hausmeister mehr, keine Kassierer und auch keine Müllmänner. Aber vielleicht auch gerade doch, wenn sie die Sache mit der Berufung richtig verstanden hätten.

Denn Berufung bedeutet gerade nicht, tagein, tagaus nur noch die Dinge zu tun, die uns beseelen. Es heißt, die Dinge zu erledigen, weil sie Teil unserer Aufgabe und Ausdruck unserer Mission sind – und uns damit eben auf andere Art und Weise doch beseelen. Aber nicht die Aufgabe macht uns glücklich, sondern wir sind glücklich, weil wir mit der Aufgabe unseren Beitrag leisten können. Und plötzlich kann es eben auch Berufung sein, als Hausmeister anderen Menschen zu helfen, Dinge zu reparieren und in Ordnung zu halten etc. Nicht jeder besitzt die Gabe geschickter Hände, insofern hat die Berufung natürlich auch etwas mit unseren Talenten zu tun. Doch am Ende gibt es für jeden vermutlich Hunderte berufliche Wege, die zum Ausleben der eigenen Berufung führen können.

Der Ruf, die Aufgabe, der Zweck oder Sinn, wie immer du es definieren willst, wird aber auch immer eine Menge Dinge erfordern, die genau eines nämlich nicht tun: Spaß machen. Glaubest du wirklich Hermann Gmeiner hatte nur spaßige Aufgaben, während er die SOS-Kinderdörfer aufbaute? Oder Mutter Teresa? Und wie ist es mit Mahatma Gandhi? Dem Dalai Lama? Es ging ihnen um ihre Mission, ihre Aufgaben, aber nicht um den Spaß und die Freude, die heute so gern als „Berufung" verkauft werden.

Coaching-Lüge Nr. 18: Keinen Plan B haben.

Manche, die in der Persönlichkeitsentwicklung wie auch in der Unternehmensbegleitung tätig sind, erzählen den Leuten fortwährend, sie sollten keinen Plan B haben. Aber was ist, wenn Plan A doch nicht aufgeht?

Die folgende Legende der Seefahrer von anno dazumal beweist obige Binsenweisheit eindeutig – behaupten die Verfechter der Sache: Es waren einmal Seefahrer, die sich aufmachten zu einem Eroberungsfeldzug. Für ihren Anführer gab es nur einen Plan A, der lautete: Wir besiegen die Gegenseite und holen uns das Land. Damit sich Plan A jedem von ihnen so richtig einprägte, verbrannte er angeblich nach Ankunft am Zielort die eigenen Schiffe. Damit gab es keinen Plan B oder C mehr, sondern der alleinige Fokus war auf das Ziel Eroberung gerichtet! Vordergründig klappte das dann auch, und man gewann die Schlacht. Leider konnten aber nur noch wenige den Sieg genießen. Der Rest der Mannschaften lag irgendwo herum und war leider mausetot.

Ein fragwürdiger Erfolg und daher auch ein eher fragwürdiger Plan.

Keine Ahnung, welche Seefahrer das nun wirklich genau waren, jedenfalls wird ihre Geschichte gern und häufig erzählt. Sie nahmen sich die Rückzugsmöglichkeit und sollen mit dem Mut der Verzweiflung außergewöhnliche Ergebnisse erzielt haben. Hernán Cortéz etwa soll so einer gewesen sein, der mit 11 Schiffen und 700 Mann nach Mexiko reiste, um das Goldland zu erobern. Selten erwähnt wird dabei, dass er mit der Verbrennung der Schiffe einem Aufstand seiner Soldaten entgegengewirkt haben soll, die wenig begeistert von der unerwarteten Stärke der Ureinwohner waren. Was auch nie erwähnt wird: Es ist bis heute unklar, ob er die Schiffe nicht nur versteckte. Diese Einfältigkeit jedenfalls verunmöglichte letztlich jede Flexibilität, die vielleicht im Jahre 1500 aber auch noch nicht ganz so wichtig war wie heute.

Doch auch wenn ich das Meer und die alten Erfolgsgeschichten durchaus mag, oute ich mich hier als Fan mehrerer Pläne. Ich bin nicht so schlau, die Weisheit mit Löffeln gefressen zu haben, und weiß daher nicht alles im Voraus. Und andere gnadenlos für meinen Erfolg zu opfern, entspricht genauso wenig meinem Gusto. Ich weiß sehr wohl, was ich am Ende erreichen will, und möchte ans Ziel kommen. Aber ich meine im Laufe der Jahre gelernt zu haben: Es geht wie immer nur Schritt für Schritt, selbst wenn es tatsächlich ein schneller Sprint mit einem großartigen Sieg ist. Also passe ich meine Pläne der Realität und den Gegebenheiten der Praxis an und lerne stückweise, was sinnvoll ist und was wiederum nicht. Ich kann vorab nicht alles bis ins letzte Detail wissen.

Vergleichen wir es doch mal mit dem Schachspiel: Du weißt nicht, welchen Zug der Gegner als Nächstes machen wird, als geübter Spieler kennst du aber dessen Möglichkeiten ziemlich gut und weißt bestenfalls auf jeden Zug eine Antwort.

Doch für wie viele Züge in der Tiefe? Garri Kasparow, der Weltmeister im Schach von 1985 bis 2000, sagte dazu: „Wenn es eine einfache Variante ohne viele Verzweigungen ist, können das schon einmal 15 Züge sein. Aber normalerweise operiere ich mit vier bis fünf Zügen."

15 Züge!!! Versuche es mal auch nur mit zwei Zügen! Was

kann dein Gegenüber tun, wie kannst du darauf reagieren, was wiederum könnte er oder sie dann tun, und wie reagierst du darauf? Du wirst merken, wenn du wirklich jede Möglichkeit berücksichtigen willst, kommst du gar nicht so weit.

Und im echten Leben? Da meinen wir dann, alles bedacht zu haben? Wir verzichten auf jede Flexibilität und erlauben uns keinen einzigen Gedankenfehler? Kann das wirklich sinnvoll sein?

Natürlich kannst du es so handhaben wie die Seefahrer und dein Schiff verbrennen. Plan A – oder gar nicht. Das kommt mir allerdings als einigermaßen intelligentem Menschen wenig klug vor, und es ist zudem in der heute so schnelllebigen, sich stets wandelnden Welt komplett überholt. Wer sich an solche Strategien klammert, ist für meine Begriffe ein paar Jahrhunderte in der Zeit zurück – irgendwo auf den Weltmeeren dümpelnd, gemeinsam mit den Seefahrern vergangener Zeiten.

Coaching-Lüge Nr. 19: „Ich bin" – Affirmationen

Affirmationen gelten in der Coaching-Welt als wahres Allheilmittel. Wenn irgendetwas nicht gut ist, dann affirmieren wir es gut. Einfach so lange, bis es dann gut ist. Sorry, aber da bin ich als Pragmatiker raus.

Suggestionen können sehr hilfreich sein, einverstanden. Aber sie bedürfen etwas mehr, als einfach nur hirnlos und pauschal etwas Gewünschtes herunterzuleiern …

Hilde etwa ist bettelarm, daher steht sie auf der Straße und bittet die Menschen um ein paar Groschen. Außerdem steht sie jede Nacht um fünf Uhr auf und läuft durch den Kiez: leere Flaschen einsammeln aus der vergangenen Partynacht. Offenbar hat sie noch nie etwas vom Geheimnis der Affirmationen gehört. Denn dann würde das mit den Finanzen sicher ganz anders aussehen. Laut Affirmationshelden soll sich Hilde einfach jeden Tag sagen: „Ich bin reich" oder „Ich bin Millionärin" … Hilde glaubt zwar kein Wort von dem, was sie sich dabei laut vorspricht, aber sie tut es und hofft auf Besserung. Wie Tausende andere auch, die gehört haben, dass Affirmationen helfen sollen. Sie machen fleißig weiter, auch wenn sich nichts ändert. Und wenn sie noch nicht gestorben sind, dann affirmieren sie noch heute – und sammeln weiter Flaschen.

Jetzt mal im Ernst: Affirmationen sind schön und gut. Du kannst deine geistige Haltung und deine gesamte Einstellung verbessern, und vielleicht haben sie manchmal sogar etwas fast Magisches, das will ich gar nicht bestreiten. Denn der Fokus auf das Gewünschte kann regelrecht Wunder wirken, ja.

Aber sie müssen in erster Linie glaubwürdig sein und zur Person, deren Situation und ihren Erfahrungen passen. Wir verfügen glücklicherweise auch über einen Verstand, der uns vor vielen Gefahren schützt und uns auch sonst das Leben in vielerlei Hinsicht erleichtert. Wenn du also gerade kein Geld hast und dir sagst: „Ich bin reich", dann kommt der Verstand dazwischen und fragt dich bestenfalls, ob du ihn veralbern willst. Du weißt doch genau, dass du kein Geld hast! Du kannst dich nicht so offensichtlich belügen und es selbst glauben. Gott sei Dank nicht!

Du kannst dir nicht glaubhaft versichern, vor Gesundheit zu strotzen, wenn dich gerade der Krebs oder was auch immer für eine schwere Krankheit erwischt hat. Verstehe mich bitte richtig, ich bezweifle keineswegs deine Selbstheilungskräfte. Aber so geht das eben nicht.

Du kannst dir nicht sagen, du hättest eine liebevolle Beziehung, wenn du genau weißt, dass zu Hause nur die Einsamkeit auf dich wartet.

Die meisten Affirmationen sind aber genau dergestalt. Du sollst dir etwas einreden, von dem du weißt, dass es nicht stimmt. Was bitte soll das aber bringen?!

Alfred Stielau-Pallas, einer der Pioniere der Persönlichkeitsentwicklung in Deutschland, brachte es in meinen Augen mal sehr gut auf den Punkt. Er berichtete von seiner Begegnung mit dem berühmten Dr. Joseph Murphy, der mit seinem Buch „Die Macht Ihres Unterbewusstseins" seinerzeit die Welt eroberte. Als Murphy zu ihm sagte: „Young man, when you want to be a millionaire, you must think: I am a millionaire, I am a millionaire, I am a millionaire", entgegnete er ihm, dass er wohl glauben könne, dass dies funktioniere, wenn er denn daran glauben würde. Doch Stielau-Pallas kam aus ärmlichen Verhältnissen und konnte es sich einfach nicht vorstellen, reich zu sein. Murphy möge ihm also bitte verraten, wie er zu dem Glauben komme.

Und genau darum geht es. Eine Affirmation kann dich nicht automatisch zum Glauben bringen, aber wenn Affirmationen bzw. Autosuggestionen eine Wirkung entfalten sollen, dann musst du es glauben können. Der Glaube stellt sich nicht automatisch durch Wiederholung ein, auch wenn manche Zeitgenossen dies behaupten. An den obigen Beispielen wird bereits deutlich, dass du dir Unwahrheiten auch beim 100. Mal nicht glauben wirst und die gewünschte Wirkung damit ausbleiben muss.

Das zweite Zauberwort für die Wirksamkeit einer Affirmation sind die Gefühle, deine Emotionen. Du musst dir durch deine Affirmationen lebhaft vorstellen können, dass du den gewünschten Zustand erlangst. Du musst es fühlen, hören, schmecken und von innen heraus quasi schon erleben können. Dann, und nur dann, kann eine Affirmation eine positive Wirkung entfalten.

Auch, wenn sie noch lange keine Taten vollbringt.

Coaching-Lüge Nr. 20: Du musst schnelle Entscheidungen treffen.

Eine schöne pauschale Aussage, ebenfalls ohne jeden Wert. Mir begegnete diese Aussage zum ersten Mal im Zusammenhang mit Henry Ford. Er soll gesagt haben, dass der Wirtschaft deutlich mehr Schäden durch nicht getroffene Entscheidungen als durch Fehlentscheidungen zugefügt würden. Ich weiß nicht, ob er es überhaupt gesagt hat und wenn ja, in welchem Zusammenhang. Wenn es denn aber so gewesen ist, so sollte sicherlich der Kontext nicht übersehen werden.

Ich glaube durchaus, dass durch Aufschieben größere Katastrophen geschehen können als durch fehlerhafte Entscheidungen. Denken wir nur an uns selbst dabei. Wir vertagen es, das Rauchen aufzugeben, weil gerade nicht der richtige Zeitpunkt ist: Momentan hätten wir zu viel Stress, und es seien noch viel wichtigere Dinge dran. Und doch gefährden wir mit jedem Tag unsere Gesundheit. Eine einzige Entscheidung würde helfen, das Leben grundsätzlich zu ändern. Freier zu sein, gesünder zu sein, vitaler zu sein, besser Luft zu bekommen, besser zu riechen und vor allem, viel mehr Zeit zur Verfügung zu haben. All das wären die positiven Folgen des Nichtrauchens. Insofern wäre es natürlich schlau, diese Entscheidung so schnell wie möglich zu treffen.

Doch betrachten wir, was passiert, wenn durch eine zu schnelle Entscheidung eine halbherzige Entscheidung getroffen wird, was in diesem Zusammenhang nicht ganz selten passiert. Wir nehmen uns vor, nicht mehr zu rauchen, und halten es nicht durch, weil, wie gesagt, die Entscheidung nur halbherzig getroffen wurde. Mit jedem Misserfolg lernen wir, dass unsere Entscheidung nicht zum Erfolg führt. Insofern ist die halbherzige Entscheidung manchmal deutlich schlechter als eine nicht getroffene bzw. nicht sofort umgesetzte Entscheidung.

Es gibt Entscheidungen, die man schnell treffen muss, bei anderen wäre es sinnvoll, sie zügig zu treffen, und wieder andere sollten besser einige Zeit reifen, bevor man an die Umsetzung geht.

Grundsätzlich ist es sicher gut, zügig ins Handeln zu kommen. Allerdings eben nicht um jeden Preis. Denn einiges gilt es, vorab gut abzuwägen. Es sei denn, man rennt gern blind ins Verderben …

Denken wir allein an den Zustand der Verliebtheit. Man hat erkannt, dass uns die Hormone bei der Liebe über einen Zeitraum von drei bis sechs Monaten eine Art geistige Umnachtung verschaffen können. Die Realität verschwindet im Liebesrausch. Und so kommt es, dass erwachsene vernünftige Menschen ihr über Jahrzehnte aufgebautes

Leben in wenigen Tagen über Bord werfen, an die Wand fahren und im Zustand der Verliebtheit ihr Umfeld verletzen. Einige Monate später allerdings bereuen sie ihre Entscheidung und können sich gar nicht mehr erklären, wie das passieren konnte.

Im Falle der hormonellen Umstellung durch eine Schwangerschaft wird diese Verwirrtheit sogar vom Gesetzgeber berücksichtigt.

Doch laut vielen Coaching-Weisheiten muss alles schnell gehen, unbedingt! Schnelle Entscheidungen müsse man treffen. Es sei ja auch kein Problem, denn man könne sich ja jederzeit wieder neu und anders entscheiden, wenn es dann doch nicht so laufe wie erwartet.

Eben nicht! Du kannst ja mal probieren, einfach umzudrehen, wenn du mitten auf der Autobahn merkst, dass du die Ausfahrt verpasst und es zudem sehr eilig hast. Geht nicht oder endet in der Katastrophe.

Zudem speichern wir die nicht erfolgreich umgesetzten Versuche als Misserfolge und sollten daher nicht leichtfertig mit Entscheidungen umgehen.

Ich bin ein sehr dynamischer Typ, daher kann es mir mit manchen Dingen nicht schnell genug gehen. Ich bin rasch von etwas begeistert und kann die Umsetzung kaum abwarten. Bei einigen Entscheidungen habe ich aber nunmehr gelernt, vorher abzuwägen und zu hinterfragen. Denn ich habe erlebt, dass meine größten und besten Ideen oft auch die teuersten waren. Denn im Nachhinein stellte sich heraus, dass sie eben doch nicht so toll waren, wie ich dachte. Manch einer von Ihnen kennt das sicher.

Und so habe ich mir mühselig angewöhnt, mir selbst die Frage zu stellen, was ich übersehen haben könnte. Komme ich auf keinen Einwand und finde die Idee nach einigen Tagen immer noch so gut, stelle ich dieselbe Frage einigen in meinen Augen kompetenten Freunden und Ansprechpartnern. Von ihnen bekomme ich geradeheraus die Antworten, die mir in meinem kleinen Hirn fehlten. Sind sie allerdings auch der Meinung, ich hätte nichts übersehen, lohnt sich die Begeisterung vermutlich wirklich.

Verloren habe ich bei dem Reifeprozess gar nichts, außer vielleicht ein paar Stunden oder Tage Zeit. Die war es jedoch wert, wenn man das gesamte Leben und seine Entscheidungen berücksichtigt. Denn manche Entscheidungen haben echt harte Folgen. Ich denke nur an Entscheidungen wie meine erste Linie Kokain – oder den übermäßigen Alkoholkonsum bzw. den Griff zur Zigarette.

Und dann wäre da ja auch noch das zusätzliche Problem, dass bei zu schnell getroffenen Entscheidungen teils nicht nur die wirkliche Kraft dahinter, sondern auch die Übersicht fehlt.

Egon zum Beispiel ist ziemlich verzweifelt, denn sein Bäuchlein hat im letzten Jahr deutlich an Rundung zugenommen. Das gefällt ihm nicht, daher will er abnehmen, dabei aber bitte nicht wirklich viel in seinem Leben ändern. Also entscheidet er sich jetzt in dieser Sekunde, ab sofort für zwei Wochen eine Reis-Diät zu machen. Zwei Wochen, das kriegt er schon irgendwie rum! Eine schnelle Entscheidung erfolgreich umgesetzt. Ein halbes Jahr später hat er außer der Reis-Diät noch eine Ananas-Diät hinter sich, außerdem vier weitere Diäten. Der Bauch ist dennoch größer statt kleiner geworden.

„Diese verflixten Diäten“, ruft Egon böse aus. Nein, nein, lieber Egon! Deine verflixten Entscheidungen … „Hä? Was willst du von mir? Ich habe mich so spontan wie superschnell entschieden, und es auch willensstark umgesetzt. Genau wie die Motivations-Experten das sagten“, wehrt sich Egon. Tja, genau das ist das Problem. Denn 1000 halbherzige Entscheidungen führen nirgendwohin!

Egon trainierte damit unbewusst seinen Misserfolg statt seinen Erfolg. Es fehlten nicht die Motivation und Willenskraft, die es zur erfolgreichen Umsetzung braucht – sondern es mangelte an reiflicher Überlegung, wie er sein Ziel wirklich nachhaltig am besten erreichen kann. Sich mehr damit auseinanderzusetzen und zu erkennen, dass diese Diäten nur dann etwas bringen, wenn sie in Verbindung mit einer dauerhaften Verhaltensänderung verbunden sind, wäre der erste Schritt gewesen. Und dann eine klare und sehr konsequente Entscheidung zu treffen: Ich ändere meine Lebensgewohnheiten grundlegend. Und auch zu überlegen, wie genau er das für sich im Alltag gut umsetzen kann, ohne an seine Grenzen zu kommen.

Mein Resümee lautet daher gern, schnelle Entscheidungen zu treffen, wenn es denn passt. Das Wichtigste ist jedoch die Nachhaltigkeit des gewünschten Ergebnisses und damit der Umsetzung, die eng verknüpft ist mit der wirklichen Entscheidungskraft.

Coaching-Lüge Nr. 21: Alles ist nur dein Spiegel.

Vielfach werden wir heute darauf hingewiesen, die anderen

seien nur unser Spiegelbild. Wenn wir uns über etwas bei anderen ärgern, würden wir uns nur über uns selbst ärgern. Es soll also immer um unsere eigenen Schwachstellen gehen.

Das, was uns stört, würde uns nur deshalb stören, weil wir selbst ein Problem damit hätten. Würden wir etwa bei einem anderen eine Lüge entdecken, hätten wir wohl selbst ein Problem mit der Ehrlichkeit und so weiter.

Selbstverständlich gibt es Dinge, die in uns etwas auslösen, weil wir selbst ein Problem damit haben. So wird ein ehemaliger Raucher in der Regel eine ganze Zeit lang viel heftiger auf Raucher reagieren als einer, der niemals geraucht hat. Schließlich hat er sein unerwünschtes Verhalten meist sehr mühselig verändert und will aus gutem Grund nichts mehr damit zu tun haben.

Doch der Pünktliche, der sich über den mangelnden Respekt ihm gegenüber aufregt, wenn andere unpünktlich sind, muss deshalb kein Problem mit der Zeit haben.

Er ist nicht mein Spiegel, wenn ein anderer aus seinen eigenen Gründen heraus unfreundlich ist. In den ersten Seminaren, die ich besuchte, kursierte bereits ein Beispiel für den angeblichen Beweis für den Spiegel bzw. damals noch ausgerichtet auf die Illustration des Gesetzes von Ursache und Wirkung. Es ging tatsächlich um das Thema Freundlichkeit. Es hieß, wenn du rausgehst und dem nächsten entgegenkommenden Menschen positiv und freundlich einen guten Morgen wünschst, dann wird dieser den Gruß genauso freundlich und positiv erwidern. Wohingegen die Wahrscheinlichkeit groß sei, dass ihr einfach aneinander vorbeilauft, wenn du nicht grüßt. Solltest du aber denjenigen einfach wüst beschimpfen oder beleidigen, käme es darauf an, wer die schnelleren Beine hat. So weit, so gut.

Aber wie oft hast du schon erlebt, dass jemand mit deiner Freundlichkeit überhaupt nichts anfangen konnte? Ich habe festgestellt, dass es eine Gruppe von Menschen gibt, die es eher noch unfreundlicher werden lässt, wenn ich ihnen sehr freundlich gegenübertrete. Erst wenn ich mich auf ihre Stimmung einlasse und genauso brummig agiere, bekomme ich in der Regel dann ein neutrales oder freundliches Verhalten zurück. Kommt Ihnen das bekannt vor?

Vielleicht macht es manch einen noch ärgerlicher, wenn ein anderer gute Laune hat, sofern er schlechte hat. Aber was auch immer es ist, das Verhalten eines anderen hat nicht immer etwas mit Ihnen zu tun.

Coaching-Lüge Nr. 22: Einfach anfangen!

Kann man durchaus machen, muss man aber nicht.

Vor allem nicht, ohne vorher den Kopf einzuschalten.

Ein schlaues Sprichwort lautet: „Das Gegenteil von gut ist gut gemeint." Das passt wunderbar zur häufig kommunizierten Empfehlung in der Coaching-Welt, dass man einfach mal anfangen solle. Im Grunde ja richtig, aber doch bitte nicht mit wehenden Fahnen losrennen, völlig kopflos mit dem Gedanken: Yeah, ich leg los, und dann sehe ich schon, was draus wird.

Mit der Aussage können Sportler, Politiker und Manager hoffentlich genauso wenig anfangen wie ich. Ein Beispiel: Ich spielte bereits viele Jahre recht erfolgreich Squash, als mir eines Tages ein Gegner gegenübertrat, gegen den ich nicht den Hauch einer Chance hatte. Zu dieser Zeit spielte man noch bis 21, und wenn ich alle Energie zusammennahm und dazu etwas Glück hatte, kam ich bei diesem Gegner auf ganze drei Punkte. So beschloss ich, einen Squashtrainer zu engagieren. Ich fand sehr schnell einen, der in der Bundesliga erfolgreich spielte und mir damit das nötige Know-how vermitteln konnte. Schon bei der ersten Stunde wurde klar, dass ich mein komplettes Spielsystem umstellen müsste. Wie so oft, wenn etwas nicht korrekt gelernt wurde, hatte ich sämtliche Bewegungsabläufe falsch einstudiert. Einen einstudierten Bewegungsablauf zu verändern, ist jedoch ungleich aufwendiger, als ihn gleich richtig zu erlernen.

So kam es, wie es kommen musste. Nach wenigen Trainingseinheiten konnte ich gar nicht mehr spielen. Ich war nicht einmal mehr in der Lage, den Ball geradeaus zu spielen. Nichts gelang mir mehr. In meiner Verzweiflung musste ich eine Entscheidung treffen. Entweder würde ich nun viel Zeit und Energie einsetzen müssen, um mein bisheriges Können zu verbessern und damit eine Chance zu haben, besagten Gegner eventuell zu besiegen. Oder aber, ich ließe es bleiben.

Er war der einzige Spieler weit und breit, der mir derart überlegen war, und es schien unklar, wie lange er in meinem persönlichen Orbit bleiben würde. Also beschloss ich, dass ich keinen Wert mehr darauf legte, ihn zu besiegen, und nahm infolgedessen keine Stunden mehr. Ich wollte vielmehr wieder Freude am Squash haben, wohlwissend, dass ich mein Spielniveau nicht weiter steigern würde. Doch ich hatte keine Ambitionen, in der Bundesliga zu spielen, und ich hatte auch keine Ambitionen, nur noch Spieler dieser Klasse zu treffen. Ich wollte vielmehr Spaß am Spiel haben und mit meinen gewohnten Gegnern schöne Nachmittage und Abende verbringen.

Wäre ich in jungen Jahren nicht einfach losgelaufen und hätte einfach angefangen, sondern hätte mir zu Beginn einige Trainingsstunden gegönnt, hätte ich es wohl richtig erlernt und keine Mühe bei der weiteren Verfeinerung meiner Fähigkeiten gehabt. Es hätte sich also durchaus gelohnt, das Köpfchen zu benutzen und nicht einfach anzufangen.

Hier geht es nur um ein für mich unwichtiges Beispiel aus der Freizeit. Doch wären meine Ambitionen im Sport größer gewesen …

Denke ich hingegen an mein einstudiertes Fehlverhalten in Sachen Finanzen, geht es ans Eingemachte. Früh entschied ich mich, dass ich Sparsamkeit doof finde und lieber viel Geld verdienen wollte. Ich wollte reich sein. Offensichtlich war mein junges Gehirn so konträr zum Verhalten meiner Eltern eingestellt, dass ich übersah, dass man, egal bei welchem Einkommen, immer weniger ausgeben muss, als man einnimmt. Ich war das Vorzeigebeispiel der törichten Leute, die trotz hohen Einkommens ärmer waren als diejenigen, die mit einem geringen Einkommen nur einen Teil dessen ausgaben. Ich fing einfach an, ohne alles zu Ende zu denken. Ich verdiente eine Menge Geld, gab aber letztlich eine noch größere Menge aus.

Als Unternehmer kam ich glücklicherweise nie auf die dumme Idee, einfach anzufangen. Ich kenne nicht wenige Menschen, die sich selbstverliebt der Produktentwicklung hingeben, ohne darüber nachzudenken, ob es einen Absatzmarkt dafür gibt. Sie finden oft ihre Angebote großartig – und sind damit ganz allein auf der Welt, sodass ihnen der Erfolg natürlich versagt bleibt.

Herr Müller beispielsweise möchte zusammen mit fünf anderen Leuten mit einer Expedition zum Nordpol aufbrechen. Einfach anfangen? Ja, klar, einfach mal loslaufen – ohne Planung, Ausrüstung, körperliches Training. Der Nordpol hat bestimmt nur auf Herrn Müller gewartet und zeigt sich deswegen ausschließlich von seiner besten Seite.

Frau Schmidt dagegen hasst Kälte, dafür wollte sie schon immer in Aktien spekulieren. Sie hat weder Plan noch Ahnung, setzt aber gemäß besagter Coaching-Weisheit gleich mal spontan ihr Vermögen ein und legt los. Dabei vorab ein wenig Gehirnschmalz zu investieren, sich mit dem Thema Börse und Aktien näher zu beschäftigen, eine Strategie zu finden und sich an sie zu halten, würde zwar die Gefahr immens verringern, gegen eine Betonwand zu laufen, aber „einfach anfangen" spricht eben dagegen …

Es macht durchaus Sinn, vor dem Losrennen das Oberstübchen miteinzubeziehen. Schritte abzuwägen, vorauszudenken, Eventualitäten zu berücksichtigen. Wenn schon nicht drei Schritte in die Breite und Tiefe im Voraus wie die Schachweltmeister, dann doch bitte zumindest bis zum unmittelbar nächsten Step. Das kriegt jeder hin, auch die Nicht-Strategen unter uns.

Keine Ahnung, wie das bei dir ist, ich jedenfalls versuche, Zusammenstöße mit Betonwänden konsequent zu vermeiden.

Nichtsdestotrotz wollen wir auch hier das Körnchen Wahrheit dieser Aussage nicht übersehen. Viele Menschen scheitern daran, dass sie niemals anfangen. Sie glauben, noch nicht gut genug gerüstet zu sein, und für manche bedeutet das eben, perfekt sein zu müssen. Das wiederum führt zwangsläufig dazu, dass sie niemals anfangen. Sie fühlen sich zu jung und sind irgendwann zu alt. Sie denken, sie seien nicht gut genug und sind längst besser, als sie dafür sein müssten. Sie glauben, noch nicht genug Wissen, Erfahrung oder sonst was zu haben. Natürlich, wir können eben auch niemals alles überblicken und müssen daher manche Schritte einfach wagen und gelegentlich Wege einschlagen, ohne zu wissen, wohin sie uns führen.

Es gibt also durchaus Menschen, die es gebrauchen können, aufgefordert zu werden, einfach mal mit etwas anzufangen. Ich glaube auch, dass diese Aufforderung eigentlich eher dem Handeln gilt. Denn ist es nicht so, dass die eine Hälfte der Menschen nicht ins Handeln kommt und die andere Hälfte handelt, ohne vorauszudenken?! Und ja, ich meine vorausdenken und nicht nachdenken. Denn nachdenken bedeutet, dass es danach ist – und somit zu spät. Ich glaube aber, dass wir insgesamt viel mehr Verantwortung für die überschaubaren Konsequenzen übernehmen müssen, also vorausdenken müssen.

Sie und ich wissen, dass wir in den allermeisten Fällen einfach zu bequem sind, um vorauszudenken. Da sind wir dann wieder beim Prinzip Hoffnung, das uns tragen soll. Es wird schon gut gehen. Nein, eben nicht! Wir müssen nicht studiert haben, um zu wissen, dass wir wahrscheinlich nicht im Lotto gewinnen werden. Wenn die Wahrscheinlichkeit bei 1 zu 1 Milliarde gegen uns liegt, dann ist es wenig sinnvoll zu hoffen. Ich will dir nicht das Lottospielen vermiesen, sondern nur mit dir darüber sprechen, dass du deine Lebensplanung nicht auf den Gewinn ausrichten kannst. Du kannst ja trotzdem spielen, und wer weiß, vielleicht hast du sogar Glück. Denn fast jede Woche gewinnt ein Spieler den Jackpot. Aber auch hier zeigen die Wahrscheinlichkeiten, dass die allermeisten Lottogewinner bereits ein Jahr nach ihrem Gewinn weniger Vermögen haben als vorher, weil sie nie gelernt haben, damit umzugehen.

Also bitte, überlege dir genau, was du willst und was du dafür tun musst, welche Gefahren es gibt und welchen Preis die Umsetzung haben wird. Versuche aber bitte nicht, alles im Vorfeld zu perfektionieren, sondern mach dich auch auf den Weg. Komme ins Handeln!

Coaching-Lüge Nr. 23: Erst muss es mir gut gehen – Selbstliebe als oberstes Gebot.

„Erst muss es mir gut gehen, bevor ich anderen etwas geben kann." Diese Aussage wird stets untermauert mit dem kaum mehr zu ertragenden Beispiel, dass bei einem eventuellen Druckverlust im Flugzeug erst ich selbst die Sauerstoffmaske aufsetzen muss, bevor ich mich um mein Kind kümmere.

An dieser Stelle sei der nachdrückliche Hinweis erlaubt, dass es sich im normalen Leben eher selten um die Notlage handelt, genug Sauerstoff zu bekommen. Selbstverständlich kann sich jeder Einzelne von uns nur um andere kümmern, wenn er überlebt. Doch die Coaching-Lüge Nr. 23 wird dazu genutzt, um die Selbstliebe über alles zu stellen: Selbstliebe als oberstes Gebot, Nächstenliebe hintangestellt.

Ist es bei genauer Betrachtung aber nicht vielmehr so, dass unser Leben nur durch die Nächstenliebe anderer beginnen kann? Ist es nicht sogar so, dass wir als kleine Kinder noch gar keine Selbstliebe haben? Haben können? Ist es nicht so, dass wir durch die uns entgegengebrachte Nächstenliebe durch andere viel mehr Liebe erfahren, als wir jemals durch die Liebe zu uns selbst empfinden können? Sollten wir nicht erkennen, dass durch die nicht zweckgerichtete Nächstenliebe viel mehr Liebe entstehen kann, als wenn sich nur jeder selbst liebt?

Das Bohei um die Selbstliebe sollten wir überdenken. Was unsere Welt braucht, ist Nächstenliebe, und die kann nur von uns ausgehen, von jedem Einzelnen. Wenn Nächstenliebe in uns wächst und sich verbreitet, wird die Welt ein Stückchen besser. Wir müssen nicht zuerst uns selbst lieben. Nein, wir müssen nicht erst uns selbst lieben, bevor wir andere lieben können. Wir wurden einst geboren und konnten bereits lieben, bevor wir überhaupt wussten, dass es uns als Individuum gibt. Noch bevor unser Geist ein Ich-Bewusstsein geformt hatte, konnten wir schon unsere Eltern, Oma und Opa, unsere Geschwister und unsere Haustiere lieben. Wahre Liebe ist immer selbstlos.

Doch auch hier müssen wir alle Seiten betrachten. Denn viele Menschen verlieren sich im Außen und vergessen sich dabei selbst. Es ist zwar nicht zwingend die Nächstenliebe, die sie treibt, aber sie sind für andere im Einsatz. Nicht selten dient das allerdings der Ablenkung von den eigenen Problemen und Schwierigkeiten und ist ein Weg, nicht auf sie schauen zu müssen. Eine bequeme Ausrede sozusagen, die gar nicht so bequem ist. Eine Opferrolle, die am Ende selbst gewählt ist. Was gibt es Besseres, als den Einsatz für andere vorzuschieben? Gar nicht so selten endet dies sogar in der Klage über die Undankbarkeit der anderen, die dafür verantwortlich sein sollen, dass das eigene Leben nicht so ist, wie es sein könnte.

Man sei „zu gut“ für diese Welt. Haben Sie das schon einmal irgendwo gehört? Dabei spielen die eigenen Kinder eine genauso große Rolle wie die Ehefrauen und Ehemänner, aber auch der Einsatz bei völlig Fremden. Immer sind die anderen schuld, dass man das eigene Leben nicht so gestalten konnte, wie man wollte. Und spätestens dann kommt die Coaching-Lüge 23 genau richtig. Denn sie verspricht, dass wir uns nun endlich um uns selbst kümmern können – macht es doch schließlich sonst keiner. Doch wir vergessen dabei eines: Die anderen sind nicht zuständig dafür, uns so zu lieben, dass sie unser Leben gestalten. Das müssen wir schon selbst tun.

Zu geben und zu nehmen dürfen im Gleichklang stehen, ohne den Anspruch der immer ausgerichteten Waage zu erheben. Ich glaube auch nicht an den Ausspruch „Geben ist seliger denn nehmen“. Ich glaube nicht, dass das eine besser ist als das andere, sondern dass wir Ausgeglichenheit benötigen. Kein Mensch kann nur geben oder nur nehmen, das ist ein Lebensgesetz.

Denk an deine Atmung. Du musst ein- und ausatmen. Du kannst nicht nur nehmen, nur einatmen. Dann wärst du genauso tot, als wenn du nur geben, also ausatmen würdest. Beides ergibt überhaupt keinen Sinn. Aber wenn doch beides notwendig ist, warum sollte das eine besser als das andere sein?

Nächstenliebe zu empfangen, also geliebt zu werden, heißt aber auch, nicht alles abgenommen zu bekommen. Und zu lieben heißt nicht, dem bzw. den anderen alles abzunehmen.

So sind wir wohl heute von der echten Bedeutung der Begrifflichkeiten „Nächstenliebe“ und „Selbstliebe“ weiter entfernt als je zuvor.

Wenn wir unseren Nächsten lieben sollen wie uns selbst, hat das zwei Bedeutungen: Andere zu lieben. Und uns selbst zu lieben. Andere genauso zu lieben wie uns selbst, also dabei voraussetzend, uns selbst auch zu lieben. Und uns selbst zu lieben, dabei voraussetzend, auch andere zu lieben.

Amen.

7. Phrasen: Mehr Schaden als Nutzen

Der Grund, warum ich mich all diesen Lügen so intensiv widme, ist der, dass mit diesen pauschalen Aussagen mehr Schaden angerichtet als Nutzen erbracht wird. Eben weil sie zu pauschal sind.

Vereinfachungen und Pauschalisierungen verleiten den Leser, Zuhörer, Zuschauer und manchmal eben sogar die Klienten und Coaches dazu zu glauben, es wäre alles einfach. Noch einmal: Natürlich darf etwas einfach sein, aber in der Praxis ist das eben selten der Fall.

Frank Bettger, einer der erfolgreichsten Versicherungsverkäufer nach dem 2. Weltkrieg, beschrieb seine Arbeit einmal so: Verkaufen sei der leichteste Job der Welt, wenn man erkenne und akzeptiere, dass es eine schwere Arbeit sei und diese auch ernst nehme. Aber es ist der schwerste Job auf Erden, wenn man ihn zu leicht nimmt und meint, er sei leicht.

Ich bin geneigt, diese Ausführungen nicht nur auf den Beruf des Coaches übertragen zu wollen, sondern auch auf jeden einzelnen Menschen, der etwas verändern bzw. verbessern will. Wenn wir etwas zu leicht nehmen, wird es schwer. Wenn wir es ernst nehmen, wird es am Ende leicht.

Es gibt nur einen einzigen Weg, seine Persönlichkeit zu bilden und fortzuentwickeln. Es gibt nur eine einzige Möglichkeit, im Streben nach Glück und Erfolg voranzukommen – und das ist die ganz individuelle Arbeit an sich selbst. Und diese Arbeit muss am Ende auch jeder selbst erledigen!

Natürlich ist die Arbeit mit Coaches und Co., den Profis der jeweiligen Bereiche, dabei extrem nützlich und manchmal sogar zwingend notwendig.

Wir können nicht alles per „trial and error“ erledigen – die Zeit haben wir nicht. Immer wieder höre ich zwar, wie wertvoll es sei, seine Fehler selbst zu machen. Manche Leute behaupten sogar, wir müssten unsere Fehler selbst machen. Ich sehe das aber ganz anders: Wir können nicht jeden Fehler selbst machen! Warum? Erstens hat so viel Lebenszeit kein Mensch. Deshalb können wir zwar Fehler begehen, aber wir sollten so wenige wie möglich davon machen.

Ich möchte dir als Beispiel die Geldanlage vor Augen führen. Natürlich solltest du darauf aus sein, mit deinem Kapital möglichst hohe Renditen zu erzielen. Trotzdem ist es viel, viel wichtiger, dass du dein Geld nicht verlierst. Denn um den Totalverlust in einem Bereich auszugleichen, musst du nicht oder mindestens kaum erzielbare Renditen in anderen Bereichen erreichen.

Viele Investoren und jene, die es werden möchten, träumen vom großen Coup. Es wird Ihnen allerdings auch förmlich eingeredet. Früher war es das Venture Capital, heute sind es die Kryptowährungen und zwischendurch auch immer deren Trading. Ich habe seit mehr als 37 Jahren mit Geldanlagen zu tun, und seitdem ich mich mit Geld beschäftige, werden die unfassbarsten Geschichten erzählt. Immer wieder tauchen kuriose Anlagegeschäfte mit geheimnisvollem Hintergrund auf, die sich ein paar Jahre später als wenig geheimnisvolle Schneeballsysteme herauskristallisieren. Dicht gefolgt von den Storys über sensationelle Entwicklungen bei Aktien bzw. Unternehmensbeteiligungen z. B. von Microsoft, Apple, McDonald's und Co. Ja, deren Wert hat sich vervielfacht.

Heute wiederum hören wir eher die Geschichten von der Bitcoin-Verdopplung, -Verdreifachung und -Vervielfachung.

Ja, Bitcoin und Konsorten kamen aus dem Nichts. Die führende Währung im Kryptosegment bringt es heute, zum Zeitpunkt des Schreibens dieser Zeilen, auf stolze 28.000 Euro und war sogar schon bei 58.000 Euro. Sie kostete 2011 gerade einmal einen Dollar, und so darf getrost angesichts einer Verachtundzwanzigtausendfachung von einer sensationellen Entwicklung gesprochen werden.

Aber allein daran siehst du auch die Gefahr, denn der Bitcoin hat sich zuletzt in weniger als einem halben Jahr auch halbiert. Und genau jetzt, beim Studieren des lektorierten Manuskripts, betrug er zwischenzeitlich knapp 18.000 Punkte und liegt numehr bei 22.000. In den frühen Jahren war er alles andere als eine Investition, sondern schlichtweg eine Wette mit wenig Chancen, also hohen Gewinnquoten. Du wirst in der Geschichte nicht sehr viele dieser gelungenen Beispiele finden, insofern taugen sie auch wenig zur generellen Veranschaulichung von Investments. Wie oft wird die Mauer noch fallen und du hast die Möglichkeit, günstige Grundstücke zu erwerben? Zudem gab es eine Reihe von großen Risiken: Wer wusste denn wirklich, ob und gegebenenfalls wo die Preise steigen werden und wie die Prozesse um die Rückübertragungen ausgehen werden?

Und genau da liegt wieder das Problem mit den Phrasen und Generalisierungen. Sie taugen einfach nichts, weil sie von der wahrscheinlichen Realität weit entfernt sind.

Auch ich hatte diese Gelegenheiten. In einer Zeit, in der nur wenige die Firma Mobilcom kannten, konnte ich als angeschlossener Händler eine Investition von 30.000 DM tätigen, die zwei Jahre später bei mehr als einer Million gelegen hätte. Das Problem daran war, dass ich die 30.000 DM nicht einfach so hatte. Und das deutlich größere Problem war der Hinweis des Außendienstmitarbeiters der Firma, wir sollten es besser nicht machen, denn die Krankenkassenbeiträge der Mitarbeiter seien schon eine Weile nicht abgeführt worden. Es lägen stapelweise gelbe Briefe im Büro.

Hättest du da investiert? Soll ich mich heute darüber ärgern? Ich glaube, ich habe richtig entschieden, wenngleich der Ausgang gegen mich spricht. Aber die Rahmenbedingungen waren damals nicht gegeben. Und mal ganz nebenbei, die einsetzende Goldgräberstimmung am Neuen Markt war ebenfalls eine Besonderheit, die mit ihrer Übertreibung für viele zu einem bösen Erwachen führte.

Wir sollten also so viele Fehler wie möglich von anderen machen lassen und aus deren Fehlern lernen! So böse das klingen mag, aber lass doch die anderen die Versuchskaninchen sein. Sie sind es ganz freiwillig und mit großer Begeisterung. Und ärgere dich bitte nicht darüber, wenn du dann mal eine Gelegenheit verpasst. Deine Erfahrungen und Lehren sind tausendmal so viel wert, wenn du sie einsetzt und anwendest.

Diese Strategie ist für dich auch mit einer ganz anderen Geschwindigkeit verbunden. Denn wenn du deine Fehler selbst machst, kannst du zur selben Zeit nur einen oder vielleicht maximal zwei Fehler begehen. Abgesehen davon, dass der Lernprozess ohnehin länger dauert, als dies beim „Abgucken" bei einem anderen der Fall ist, musst du deine Fehler also nach und nach machen. Zu groß wäre auch der Schmerz um die Verarbeitung und Überwindung der jeweiligen Fehler, wenn sie dir selbst passierten. Ganz anders hingegen, wenn du die Fehler andere machen lässt.

Du kannst völlig problemlos von zehn Menschen gleichzeitig lernen und bist trotzdem nicht halb so betroffen davon, emotional. Im Gegenteil, vermutlich kannst du dir auch noch auf die Schulter klopfen und deinen Selbstwert noch weiter steigern, weil du diesen dummen Weg nicht gegangen bist. Du kommst also nicht nur viel schneller voran, sondern sparst auch jede Menge Energie. Und schlechte Gefühle. Du vermeidest diesen Zustand des Sich-selbst-Zerfleischens mit anschließender „Depression“. Nein, ich meine nicht die klinische Variante, sondern eher diese depressiven Verstimmungen, die wir alle kennen, wenn etwas nicht gelingt. Am Ende solcher Varianten steht immer ein großer Verlust an Aufwand, Zeit, Energie und Begeisterung, manchmal auch des Images.

Du kannst dieses Ergebnis bzw. die Geschwindigkeit übrigens noch deutlich steigern durch die Zusammenarbeit mit einem oder mehreren erfahrenen Coaches und Mentoren. Menschen, die ihrerseits wichtige Erfahrungen angesichts der Fehler der anderen machen und dadurch selbst eine große Geschwindigkeit bei ihrem Erfolg erreichen konnten. Stell dir das nur einmal theoretisch vor:

Du machst ein bis zwei gravierende, lehrreiche Fehler pro Jahr, dann gehörst du wohl schon zu den wirklich ambitionierten Strebern des Lebens. Das würde in zehn Jahren ein Lehre aus etwa 10 bis 20 Ereignissen ergeben, die teils mit großen Schmerzen verbunden waren und dich als Menschen vielleicht nicht unbedingt heiterer haben werden lassen.

Im Gegenzug würdest du aber mit drei Mentoren pro Jahr arbeiten, die jeweils die Fehler aus etwa zehn Ereignissen pro Jahr für sich verarbeitet und an dich weitergegeben hätten.

Das wären 300 Lehren – ohne persönlich schmerzhafte Erlebnisse!

Womit würdest du wohl besser fahren?

Die Fehler selbst machen zu wollen (das tust du ohnehin noch oft genug), ist also wenig geistreich und kostet unterm Strich nur Lebenszeit, Energie, Freude und Erfolg. Die Unterstützung durch andere ergibt immer Sinn, vorausgesetzt, diese verstehen etwas von ihrem Metier.

Zudem ist natürlich auch sehr entscheidend, mit wem du arbeitest. Wenn ich an meine Drogensucht denke, in meinem Fall die Cocaethylen-Sucht, dann hätte ich es wohl ohne Unterstützung kaum geschafft, davon wegzukommen. Die Verbindung von Kokain und Alkohol ist zu stark, um es allein mit Willenskraft erfolgreich angehen zu können. Und der eigene Zustand war nicht gut genug, um all diese Dinge selbst zu ergründen und zu erschließen.

Zu oft habe ich es allein versucht und bin nach ein paar Wochen gescheitert. Warum? Weil mir viele Zusammenhänge, vor allem körperliche Abläufe, gar nicht klar waren. Mir war nicht bewusst, dass bei mir ein alkoholfreies Weizenbier ausreichte, um die Dopaminausschüttungen im Gehirn zu initiieren, die wiederum der Zündstoff für den manchmal Tage später stattfindenden Konsum waren. Mir war nicht klar, wie hilflos ausgeliefert ich der Sucht zu diesem Zeitpunkt gewesen bin, und obwohl ich wahrlich ein Meister der Manipulation meiner selbst bin und schon so viele Strategien erlernt hatte, brauchte ich dafür die gebündelten, speziell abgestimmten Werkzeuge und Strategien von Experten.

Es nützte auch kein anderer guter Coach etwas, wie ich selbst erfahren musste, und es hätte auch kein Suchtspezialist für Alkohol geholfen, der nicht speziell um die

Wirkungsweisen der Verbindung mit Kokain gewusst hätte. Ich durfte lernen, dass es getrennte Einrichtungen für die unterschiedlichen Wirkstoffe des Drogenkonsums gibt, die für das daraus resultierende Suchtverhalten spezielle Therapien entwickelt haben.

So ist es wohl mit allem. Deshalb solltest du dir unbedingt immer jemanden suchen, der ein Profi auf genau dem Gebiet ist, welches für dich Bedeutung besitzt.

Aber zurück zum Streben nach Glück und Erfolg – und an dieser Stelle gern noch einmal die Erinnerung, dass alle Dinge am Ende von dir selbst umgesetzt bzw. gemacht werden müssen. Egal, mit wem du vorher gearbeitet hast. Deshalb will ich auch noch einmal darauf zurückkommen, dass Phrasendrescherei und Vereinfachung nicht nur wenig Ergebnis bringen, sondern am Ende sogar kontraproduktiv sein können.

Die Differenzierung erscheint zwar sehr aufwendig und ist es tatsächlich auch, doch da sie die einzige Möglichkeit ist, die überhaupt funktioniert, und damit zwangsläufig auch die einzige Methode, die Erfolge bringt, ist sie die effektivste und sogar effizienteste Methode.

Phrasenorientiertes Schubladendenken hat zwar einen großen Vorteil, denn es gibt dir erst einmal die Möglichkeit, grob zu sortieren. Doch du musst eben in der Lage sein, diese Schubladen auch wieder zu öffnen, nachdem du die Dinge dort hineinsortiert hast. Denn nicht selten landet etwas in der falschen Lade und gehört noch einmal genauer betrachtet. Aber genau das passiert in der heutigen Welt leider viel zu selten. Da kommt es in die Schublade und bleibt dann dort. Es wird einfach gesagt, du musst dich selbst lieben – und dann wird das zur Passion.

Aber im Ernst: All diese Sprüche, Zitate und Phrasen, all diese Coaching-Lügen könnten wahnsinnig gute Hinweise sein, wenn sie denn nur als Aufhänger für ein Gespräch zu dem Thema benutzt würden. Sie wären ein guter Einstieg oder eine feine Provokation in der Welt der individuellen Arbeit. Doch ohne die individuelle Arbeit verleitet sie die Menschen dazu, nicht nur zu wenig komplex, sondern sogar auch in die falsche Richtung zu denken.

Fritz etwa liest die Aufforderung, durchzuhalten. Er ist an einer Stelle in seinem Leben, wo es gerade nicht mehr weitergeht. Seit einigen Jahren nun ist er schon in seinem Job als Versicherungsverkäufer tätig, und so recht ist ihm der Durchbruch nie gelungen. Mehr schlecht als recht schlängelt er sich durch den Job, das Geld reicht bei nüchterner Betrachtung nicht wirklich für ein ordentliches Leben, und seine Stimmung wird von Monat zu Monat schlechter. Bei kritischer Analyse würde schnell klar werden, dass es echte Hinderungsgründe gibt, seine Arbeit bei dieser Firma fortzuführen. Und das eigentlich schon seit Jahren.

Doch die Durchhalteparolen haben ihn bis heute gehalten und werden es auch diesmal tun. Fritz wird wie immer die Zähne zusammenbeißen und nicht aufgeben wollen. Denn „aufgeben" heißt für ihn und die Gesellschaft scheitern oder versagen. Er wird weiter unglücklich diesem Job nachgehen, jeden Tag. Er wird ihn über die Zeit jede Energie kosten, die er nur hat. Er wird keine Kraft mehr für seine Frau und seine Kinder haben, nicht einmal mehr für seine eigene Gesundheit. Vielmehr wird er seinen Frust immer mehr mit Essen und Alkohol zu bekämpfen versuchen und Stück für Stück weiter abstumpfen. Er wird immer kränker und kränker, geistig genauso wie körperlich. Emotional ist er ohnehin seit

Jahren am Ende. Das alles ist das Ergebnis der Durchhalteparole.

Wenn er jedoch erkennen würde, dass eine berufliche Veränderung alles andere als ein Aufgeben sein kann und er in einem anderen Job seine Talente und Fähigkeiten viel besser einbringen würde, dann ergäbe sich ein komplett anderes Leben. Er würde jeden Tag mit Spaß und Freude zur Arbeit gehen, dadurch die Karriereleiter ohne großen Aufwand und fast automatisch erklimmen, und sein Einkommen würde ihm und seiner Familie ein schönes Leben ermöglichen. Er käme weniger gestresst nach Hause und hätte genug Energie, um seiner Frau ein guter Ehemann und den Kindern ein guter Vater zu sein. Und er hätte sogar noch genug Power für ein paar Hobbys, die seine Lebensfreude noch weiter steigern würden, und so ganz nebenbei würde er sich damit bester Gesundheit erfreuen, weil er seine negativen Gefühle nicht mehr abtöten muss. Ein erfolgreiches, erfülltes und glückliches Leben würde auf ihn warten, wenn da nicht dieser Aufruf zum Durchhalten gewesen wäre …

Verstehst du, was ich meine? Du beherzigst den Aufruf, durchzuhalten, obwohl in deinem Leben vielleicht gerade mal Loslassen dran wäre. Oder vielleicht ist es auch genau andersherum: Du liest die Botschaft, loszulassen, müsstest aber endlich mal etwas durchziehen. Jeder Mensch hat zu jedem Zeitpunkt eine andere Aufgabenstellung. Wenn du heute loslassen müsstest, kann schon morgen Durchhalten dran sein. So ist es bei jedem und mit allem.

Du wirst aufgefordert, positiv zu denken, solltest aber an der Stelle lieber kritisch sein. Du wirst motiviert, dich auf das Geben zu konzentrieren, musst aber gerade lernen, auch anzunehmen. Du sollst dein Energie-Level mit Bewegung und Sport steigern, strotzt aber sowieso schon vor körperlicher Fitness und müsstest vielleicht erst mal deine Finanzen in Ordnung bringen.

Obendrein gibt es 1000 Grautöne zwischen Schwarz und Weiß: Es gibt eben auch ein bisschen Loslassen, teilweises Durchhalten und spezifische Finanzmaßnahmen – noch einmal: Leben ist nicht nur sehr individuell, sondern auch höchst komplex.

Wir sind heute als Einzelne geforderter denn je zuvor, in alle Richtungen, insofern sind einfache Lösungen zwar verheißungsvoll, doch am Ende bleiben sie ihren Zweck schuldig. Wenn ein Buch dir die sieben Wege zur Vitalität oder die neun Schritte zum Reichtum verspricht, dann hört sich das gut und überschaubar, also einfach an. Doch du und ich wissen, dass es nicht ganz so einfach ist und dass selbst die Inhalte dieser Bücher nicht so einfach sind, wie ihre Titel es erwarten lassen.

Wir müssen endlich begreifen, dass unser Leben komplex ist. Wir müssen verstehen, dass Maßnahmen individuell sein müssen, und wir müssen endlich akzeptieren, dass es keine guten Ergebnisse ohne entsprechenden Einsatz geben kann. Ob es uns gefällt oder nicht, die Welt und unser Leben werden immer anspruchsvoller. Aber es wird eben auch immer vielfältiger und bunter, mit immer mehr Möglichkeiten. Umso mehr sollten wir es genießen, dass wir differenziert an alles herangehen können.

8. Warum Coaching so wichtig ist

Trotz aller Kritik sollten wir uns anschauen, warum Coaching so wichtig geworden ist. Die Welt ist für jeden Einzelnen in den letzten Jahrzehnten und Jahren immer anspruchsvoller und anstrengender geworden, privat genauso wie beruflich. Wir reden von einem exponentiellen Wachstum, und dieses Wachstum bezieht sich nicht nur auf Zahlen, Ideen und die Wirtschaft, sondern tatsächlich auf alles!

Exponentielles Wachstum

Zuerst einmal möchte ich dich sensibilisieren und dir das in meinen Augen anschaulichste Beispiel für exponentielles Wachstum mit der folgenden Geschichte auf den Weg geben:

Entsprechend einer alten Legende lebte in Indien einst ein König namens Sher Khan. Während seiner Herrschaft erfand jemand das Schachspiel.

Der König war von diesem königlichen Spiel begeistert, sodass er den Erfinder zu sich an den Königshof rufen ließ. Als der Erfinder, ein weiser Mann, vor ihn trat, sagte der König, er wolle ihm eine Belohnung geben für diese vortreffliche Erfindung. Er sei reich und mächtig genug, ihm jeden Wunsch zu erfüllen, sei er auch noch so ausgefallen.

Der Mann schwieg eine Weile und dachte nach. Der König ermunterte ihn und sagte, er möge keine Scheu zeigen und einfach seinen Wunsch äußern. Der Mann jedoch erbat sich Bedenkzeit bis zum nächsten Tag, um über seinen Wunsch nachzudenken. Dann, so sagte er, wolle er dem König seinen Herzenswunsch mitteilen.

Als der Mann am nächsten Tag abermals vor den König trat, bat er um ein einziges Reiskorn auf dem ersten Feld des Schachbretts, auf dem zweiten Feld um zwei Reiskörner, auf dem dritten um vier und so weiter. Auf jedem weiteren Feld einfach doppelt so viele Reiskörner wie auf dem Feld zuvor.

Der König lachte und fragte ihn, ob das wirklich alles sei, er könne sich doch mehr wünschen! Die Berater des Königs begannen schallend zu lachen, weil auch sie diesen Wunsch für äußerst dumm hielten. Schließlich hätte der Mann sich Gold, Edelsteine, Land oder alles Mögliche wünschen können. Der König hatte ja sein Wort gegeben und müsste ihn mit Reichtümern überschütten, wenn er es denn verlangte.

Der König war am Ende verärgert, weil er dachte, der Erfinder halte ihn für zu arm oder zu geizig. Er sagte, er wolle ihm für alle Felder des Spielfeldes Reiskörner geben – auf jedem Feld doppelt so viele Körner wie auf dem Feld davor. Doch der Wunsch sei dumm, weil er ihm viel mehr hätte geben können.

Der König schickte den Erfinder des Schachspiels aus dem Palast hinaus und ließ ihn am Tor warten. Dorthin würde man ihm seinen Reis bringen.

Der Weise ging leise lächelnd hinaus. Am Tor setzte er sich und wartete geduldig auf seine Belohnung.

Abends erinnerte sich König Sher Khan an den seltsamen

Wunsch und fragte, ob der Erfinder seine Belohnung schon erhalten habe. Seine Berater wurden nervös und erklärten, dass sie die Belohnung nicht hätten zusammenbringen können – es sei einfach viel zu viel, und die Getreidespeicher würden nicht genug Reis enthalten, um ihn auszuzahlen.

Da wurde der König wütend und schimpfte, sie sollten dem Mann endlich seine Belohnung geben, schließlich habe er es versprochen, und das Wort des Königs gelte.

Da erklärten seine Berater und der Hofmathematiker, dass es im gesamten Königreiche nicht genug Reis gebe, um den Wunsch des Mannes zu erfüllen. Ja, dass es auf der gesamten Welt nicht so viel Reis gebe. Wenn er sein Wort halten wolle, müsse er alles Land auf der Welt kaufen, es in Reisfelder verwandeln und sogar noch die Ozeane als Ackerfläche trockenlegen lassen, um genügend Reis anpflanzen zu können.

König Sher Khan schwieg verblüfft. Dann fragte er, wie viele Reiskörner es denn seien.

18.446.744.073.709.551.615, lautete die Antwort. Da lachte der König schallend. Er ließ den Weisen zu sich rufen und machte ihn zu seinem neuen Berater.

Was aber bedeutet denn diese Zahl? In Worten sind das 18 Trillionen 446 Billiarden 744 Billionen 73 Milliarden 709 Millionen 551 Tausend 615 Reiskörner.

Ein Ansatz, damit wir uns die große Zahl vorstellen können: Die Erntemenge an Reis betrug 2018 weltweit 782.000.000 Tonnen. Also geht es bei der genannten Zahl um das 433-fache der Weltproduktionsmenge an Reis. Diese Vervielfältigung über nur eine 64-malige Verdoppelung – das ist exponentielles Wachstum!

Und genauso fühlt sich dieses Wachstum derzeit für viele Menschen an, in den beruflichen und persönlichen

Bereichen. Denn wir müssen immer mehr wissen, immer mehr leisten, und das alles in immer kürzerer Zeit.

Gesellschaftliche Entwicklungen

Mit Blick auf die Leistungsfähigkeit der Gesellschaft müssen unsere Kinder heute ihr Abitur in einem Jahr weniger machen und sollen möglichst geschwind und am besten gleich von zu Hause aus ihr Studium erledigen. Corona hat nun gezeigt: Wir können den menschlichen Austausch noch weiter begrenzen und uns online auf die Erledigung der Arbeit konzentrieren. Ob das für den Menschen eine gesunde Entwicklung ist, darf indes getrost bezweifelt werden. Und so ist es wohl mit einigen Entwicklungen innerhalb unserer Gesellschaft.

So bin ich heute noch davon überzeugt, dass die Verlängerung der Ladenöffnungszeiten ein wesentlicher Schritt in die falsche Richtung war. Als wir früher unsere Einkäufe von 9 bis 18 Uhr zu erledigen hatten, mussten wir uns zwar manchmal etwas sputen und waren in unserer Freiheit scheinbar begrenzt, doch die eigentliche Einschränkung der Freiheit entstand genau durch die Erweiterung der Ladenöffnungszeiten. Kein Mensch wird mehr essen und trinken, weil der Supermarkt heute von 7 bis 22 Uhr 15 Stunden lang oder manche Filiale im Sommer sogar bis 24 Uhr und damit 17 Stunden geöffnet hat statt der 9 Stunden vorher. Oder was meinst du?!

Die Arbeitszeiten der Betroffenen mussten aber verlängert werden, und weil diese Zeit kein einzelner Mensch am Stück leisten kann, wurden neue Arbeitszeitmodelle geschaffen, die den Anschein erwecken könnten, es gehe den Mitarbeitenden damit besser. Doch tatsächlich wurden immer mehr Aushilfskräfte eingestellt, und die realen Löhne der einstigen Einzelhandelskaufleute sanken immer weiter, sodass es heute den Beruf der sogenannten „Verkäufer:innen" gar nicht mehr wirklich zu geben scheint.

Bei den jetzigen Lebenshaltungskosten erscheint es fraglich, ob sich eine vollbeschäftigte Kraft ein Leben ohne weitere staatliche Unterstützung leisten kann. Das Durchschnittseinkommen liegt bei 2000 bis 2600 Euro brutto, wobei dabei natürlich auch besser bezahlte Standorte wie München oder Stuttgart inkludiert sind, und mit 1400 Euro netto wirst du in Berlin kaum leben können. Gleichzeitig wuchs das geforderte Pensum während der Arbeitszeit indes ebenfalls stetig, sodass die Betroffenen nicht nur ein Leben fernab jeglichen Wohlstands führen, sondern in der Regel auch noch so kaputtgespielt sind, dass sie es kaum noch bemerken.

Die Wirtschaftsleistung kann jedenfalls durch die Verlängerung der Arbeitszeit kaum gestiegen sein, der Krankenstand im Lande jedoch schon. Vielleicht nicht einmal von den offiziellen Zahlen her, sondern eher mit Blick auf den Faktor Wohlgefühl und innere Stabilität, denn besser geht es den Beteiligten sicher nicht: Über längere Zeit geraten die Leute an ihre Leistungsgrenzen und fallen dann oft ganz aus. Der Supermarktbetreiber wird den nächsten Mitarbeiter finden, die Gesellschaft muss sich um den ausgebrannten Menschen kümmern. Vielleicht braucht er dann Krankengeld, eine Rehabilitationsmaßnahme, psychologische Unterstützung und eventuell sogar Frührente oder Arbeitslosengeld,

Umschulungsmaßnahmen, Förderungen und Sozialleistungen – seine Steuern und Sozialversicherungsbeiträge fallen in jedem Fall aus, neue zahlt er nicht ein; das gesamte System wird belastet – und damit jeder zahlende und selbst nicht zahlende Bürger.

Denn was auf den ersten Blick nur wie eine Ungerechtigkeit den Leistungsträgern der Gesellschaft gegenüber aussieht, hat auch Auswirkungen auf die Leistungsempfänger. Denn umso schlechter das Verhältnis wird, desto weniger Leistungen kann es geben. Diejenigen, die aufgrund ihrer Umstände vorübergehend oder manchmal eben auch dauerhaft Unterstützung benötigen, sind damit genauso betroffen wie die Leistungsträger. Eine Angelegenheit, die leider von den Leistungsträgern der Gesellschaft nicht immer bis zu Ende gedacht wird und damit zu einem unnötigen Ungerechtigkeitsgefühl führt. Doch eine Gesellschaft besteht nun einmal nicht nur aus „Hochleistungsmaschinen", und selbst die können zwischendurch zusammenbrechen und Hilfe benötigen – aufgrund körperlicher, emotionaler oder mentaler Störungen.

Solltest du also zu diesen High Performern gehören, bedenke bitte auch diese Möglichkeit, auch wenn ich dir von Herzen wünsche, davon verschont zu bleiben. Ich habe im Coaching allerdings genug einschlägige Fälle erleben müssen.

Diese ständigen Anforderungen und Überforderungen führen zur Vernachlässigung vieler anderer wichtiger Lebensbereiche.

Zeit für anderes haben

Die Zeit für Familie und Freunde leidet genauso darunter wie die Zeit für sich selbst, die Kinder müssen länger in Kitas betreut werden. Das gilt natürlich nicht nur für den Beruf der Verkäufer, sondern für alle anderen auch.

Ganz klar, dass eine ausgeruhte Mutter oder ein ausgeruhter Vater einen anderen Einfluss auf ihre bzw. seine Kinder hat als ein Erzieher mit einem Pulk von 10 bis 20 Kindern. Und schon wächst der Stress für alle Beteiligten.

Aber dafür können wir im Sommer ja bis Mitternacht einkaufen gehen …

Problematisch ist die Entwicklung auch wegen der großen Player Google und Co. geworden, die eine Zeit lang zu Vorzeigearbeitgebern avancierten. Nun langsam erkennen aber immer mehr Menschen, wofür sie mir vor ein paar Jahren noch einen Vogel gezeigt haben. Die wunderbaren Einrichtungen am Arbeitsplatz, der Kicker, das immer frische Obst, das Fitnessstudio, die Masseure, Physiotherapeuten und sogar die Kinderbetreuung bringen nicht nur Vorteile mit sich, sondern vor allem auch jede Menge Nachteile für den Einzelnen. Das alles dient dazu, die höchste Arbeitsleistung abzuverlangen und jeden Gang aus der Arbeitswelt heraus zu erschweren – „freiwillig" natürlich. Freunde und Familie werden ersetzt durch die Gute-Laune-Office-Family, mit der man am Freitagnachmittag schon mal Pizza und selbst Alkohol auf Firmenkosten verzehrt. Das mag auf den ersten Blick fantastisch sein, hat aber eben auch einen hohen Preis.

Bei anderen Unternehmen und Modellen werden die Arbeitnehmer ganz anders an die Leistungsgrenze getrieben. Sie werden in Selbstständige verwandelt, wie zum Beispiel bei den Kurierfahrern von Amazon, Hermes und Co. Das Risiko ist ausgelagert, die Kosten werden minimiert, und der Leistungsdruck wird an den Fahrer weitergegeben. Einmal in den Strudel geraten, dürfte dann auch keine Zeit mehr für neue Bewerbungen und damit andere berufliche Entwicklungen bleiben.

Auch wenn wir laut PISA-Studie im Bereich Bildung immer weiter nach hinten fallen, so hat man doch das Gefühl, dass selbst die Kinder in der heutigen Gesellschaft immer mehr leisten müssen.

Ich erinnere mich an meine Grundschulzeit, in der ich tatsächlich noch an jedem zweiten Samstag zur Schule ging, und trotzdem habe ich das Gefühl, es war im Gegensatz zu heute viel kindgerechter und lockerer. Denn in der Woche schien der Tag schon lang, wenn wir bis 13 Uhr in der Schule verbringen mussten. Mein Sohn wiederum ging eine Zeit lang auf dieselbe Schule, die mittlerweile zur Ganztagesschule geworden war. Die Direktorin, die früher meine Klassenlehrerin war, beruhigte meine Bedenken mit den Worten: „Herr Kiesewetter, Sie werden angenehm überrascht sein, denn dafür müssen die Kinder keine Hausarbeiten mehr machen." Doch in der Praxis bestätigte sich dies leider nicht. Ich weiß nicht, ob es daran lag, dass die Direktorin wechselte, aber Hausaufgaben gab es jede Menge, obwohl die Schule an jedem einzelnen Tag bis 16 Uhr ging. Mein persönlicher Eindruck ist, und damit stehe ich wohl nicht ganz allein: Der Druck auf die Schüler ist deutlich gestiegen.

Auch in anderen Segmenten der Arbeitswelt ist dieses Phänomen zu beobachten. Ich habe im öffentlichen Dienst meine Ausbildung absolviert und war dann noch ein paar Jahre dort tätig. Ich habe früher belächelt, wenn sich die Mitarbeitenden über den vielen Arbeitsaufwand beklagten. Für einen jungen Menschen wie mich damals war es wirklich lächerlich. Erst viele Jahre später verstand ich wirklich, wie unterschiedlich Menschen ticken in Sachen Stress und Überforderung. Schon kurze Zeit nach meinem Austritt 1990 wurde mir berichtet, die Anforderungen seien enorm gestiegen.

Natürlich ist der Leistungsdruck in den Ämtern auch heute nicht mit der Wirtschaft vergleichbar, doch ich glaube sehr wohl, dass der Aufwand und der gefühlte Stress selbst in Behörden deutlich größer geworden sind.

Dieses Mehr an Leistung in den beruflichen Bereichen führt jedoch auch dazu, dass die sozialen Kontakte weniger gelebt und gepflegt werden konnten. Während man sich früher oft mit mehreren Freundeskreisen umgab, scheint es heute schon schwer, überhaupt Freundschaften zu pflegen. Jeder ist so sehr mit sich und seinem Leben beschäftigt, dass kaum einer mehr Zeit für andere hat. Doch das Fehlen der verloren gegangenen menschlichen Verbindungen wird uns immer erst dann bewusst, wenn wir merken, dass sie nicht mehr da sind. Dann ist es allerdings schon lange zu spät. Freundschaften, Bekanntschaften und auch die Familien wollen gepflegt werden, und wie in jedem Bereich des Lebens müssen wir auch hier etwas geben, um etwas zu bekommen.

Auch die Ehen und Partnerschaften leiden ganz sicher darunter. Denn wenn Menschen immer gestresster und am Rande ihrer eigenen Kräfte sind, können sie zwangsläufig weniger Interesse und Mitgefühl für andere aufbringen. Die Scheidungsrate in Deutschland ist von 2018 bis 2021 von knapp 33 auf fast 39 Prozent gestiegen.

Eine bedenkliche gesellschaftliche Entwicklung, wie ich finde.

Ungesunder Trend des Egoismus

Der Hype um das eigene Wohlergehen geht längst schon in die Richtung ungesunder Egoismus, von dem auch der Einzelne langfristig keinen Vorteil hat. Denn mittlerweile sind wir so weit, dass ich immer wieder die Empfehlung lese, wir sollten alle Verbindungen kappen, die uns nicht gut tun. Wir mögen doch Menschen canceln, die nicht förderlich für uns seien!

Wow, was für eine anmaßende und dumme Empfehlung!

Selbstverständlich gibt es toxische Beziehungen, die man im gegenseitigen Interesse beenden sollte. Doch erstens glaube ich zu wissen, sind das die wenigsten. Und zweitens behaupte ich mal, wir können oft gar nicht beurteilen, welche anstrengenden Verbindungen für uns genau deshalb von Nutzen sind, weil sie gerade so anstrengend sind. Im pubertären Alter würden wir vermutlich unserer Mutter und unserem Vater die Elternschaft kündigen, weil sie nicht unserem Gusto entsprechen. Und auch wenn diese Zeit der Abnabelung wichtig ist, so sind in dem daraus resultierenden Prozess der Reibungen auch viele wertvolle und sogar unverzichtbare Lektionen für alle Beteiligten, allem voran aber auch für den Sprössling, enthalten. Wenn wir dem törichten Hinweis folgen würden, müssten wir auf diesen Teil der persönlichen Entwicklung verzichten.

Im späteren Leben wird es kaum besser. Freundschaften zu beenden, weil das Gegenüber eine andere Meinung oder Haltung zu grundsätzlichen Dingen des Lebens hat, erscheint mehr als bedenklich. Am Ende würden wir weder Bekanntschaften noch Freundschaften pflegen und schon gar keine Beziehungen mehr führen, denn in nahezu jeder Beziehung hat man immer mal wieder das Gefühl, unverstanden und völlig allein zu sein mit seiner Meinung und Einstellung.

Doch genau das ist auch wichtig für unsere Persönlichkeitsentwicklung. Empathie zu entwickeln, Verständnis aufzubringen, Toleranz zu zeigen, andere Sichtweisen zu entdecken, neue Perspektiven anzunehmen. Wie willst du Fehler vermeiden, wenn du immer nur das machst, was dir gerade richtig erscheint?! Glaub mir, ich wollte nicht ausschließlich von meinem jeweiligen Selbst beraten worden sein in all den vergangenen Jahren. Ich bin heilfroh, dass es Eltern, Freunde und viele andere Menschen gab, die ich zu den damaligen Zeitpunkten als eher lästig empfand mit ihren Ansichten.

Du müsstest auch deinen Chef abschaffen, wenn du denn einen hast, und auch die Kunden wären vermutlich nur noch sehr selektiv mit dir kompatibel.

Wie immer gibt es zwar ein Fünkchen Wahrheit in der Aussage, aber in diesem Fall reden wir wirklich nur von einem Fünkchen. Du brauchst all die Widersacher und Menschen, die dich angeblich nur Energie kosten. Du brauchst sie für deine Entwicklung und dein persönliches Wachstum, aber du brauchst sie auch für deine Kraft und Energie. Denk doch mal daran, was dir mehr Energie verleiht, dich mehr in Rage versetzt: eine zustimmende Haltung oder eine gegenteilige? Was macht dich stärker? Die Bequemlichkeit und Wohlfühl-Area oder der Widerstand? Was lässt dich im Zweifel über dich hinauswachsen?

Du siehst also selbst, sich von allen und allem zu distanzieren, was dich angeblich nur Nerven und Energie kostet, wäre grober Unfug und würde genau das Gegenteil von dem hervorbringen, was du damit bezweckst.

Körperkultur als Leistungsmodell

Nachdem die ersten negativen Auswirkungen der Wohlstandsgesellschaft in den 1970er- bis 90er-Jahren nicht nur sichtbar, sondern auch immer spürbarer wurden, stieg auch das Bewusstsein für körperliche Gesundheit, Fitness und Leistungsfähigkeit immer weiter. Begonnen mit der großen Selbstverwirklichungswelle wurde die Körperkultur ein weiterer Meilenstein und nicht mehr wegzudenkender Teil der großen Selbstoptimierung.

Während Arnold Schwarzenegger mit seinem geformten Body noch als absoluter Ausnahmeathlet galt, hat heute schon manch Freizeitsportler mehr und besser definierte Muskeln und das Ganze bei größerer Beweglichkeit. Waren im Fitnessstudio in den 90er-Jahren noch unbewegliche Muskelberge unterwegs, springen heute die definierten Muckimänner mit affengleicher Leichtigkeit durch den Parcours bei den Ninja Warriors.

Nun beklagen die ersten Influencer und YouTube-Stars den großen Druck des Fitness- und Schönheitswahns und stellen fest, dass alles Extreme eben auch einen extrem hohen Preis mit sich bringt.

Gesellschaftlich setzte all das neue Maßstäbe, sich um seinen Körper besser zu kümmern, und so entstand ein neuer Leistungsbereich auch im Leben jedes Normalos: Sport. War früher ein Marathon noch etwas Außergewöhnliches, wird man heute schon schräg angesehen, wenn man in seinem Leben noch nicht einmal einen Halbmarathon gelaufen ist. Leistungsträger waren selbstverständlich schon Teilnehmer eines Triathlons, und wer etwas auf sich hält, hatte wenigstens das große Ziel, einmal beim Ironman auf Hawaii zu starten.

Doch warum erzähle ich dir das alles? Weil es dir eindrücklich vor Augen halten soll, wie sehr jeder Einzelne von uns Unterstützung gebrauchen kann. In so vielen Bereichen!

Hilfe in Anspruch nehmen

Leider lehnen wir aber allzu häufig ab, Hilfe anzunehmen, weil wir es damit verbinden, sonst nicht stark oder gut genug zu sein. Ich habe mich lange schwer damit getan, Hilfe in Anspruch zu nehmen. Ich wollte die Dinge immer allein schaffen!

Die Absurdität meiner eigenen Einstellung wurde mir erst bewusst, als ich mich später mit meiner Cocaethylen-Sucht beschäftigen musste. Ja, ich musste. Ich musste es wirklich, denn es ging nicht mehr anders.

Mein ganzes Leben hing eigentlich nur noch an einem seidenen Faden. Mein Körper war genauso ruiniert wie mein Geist – mein Selbstwertgefühl, Selbstvertrauen und Selbstbewusstsein waren genauso dahin wie meine Ehe, meine Beziehung zu meinen Kindern, zu meiner Familie, meinen Freunden und Bekannten, Kollegen usw.

Mein Geschäft verdiente den Namen nicht mehr, meine Finanzen waren desaströs und mein Ruf dahin. Wenn jemand noch Sympathien für mich empfand, dann ging es nur noch um Mitleid. Spaß und Freude gab es nicht mehr, nur noch den Drogenrausch – das Leben schien vollkommen sinnlos.

Ich hatte schon zahlreiche Versuche unternommen, den Drogen zu entkommen, und doch waren alle Bestrebungen früher oder später gescheitert.

Ich schickte mich zur „Kur", machte drei Wochen Urlaub mit mir selbst, beschäftigte mich mit guten Dingen, fuhr täglich mit dem Fahrrad große Runden und genoss die Natur. Ich achtete auf meine Ernährung und erholte mich gut. Es hielt etwa sieben Wochen, dann hatte ich einen Rückfall.

Ich gönnte mir meinen Lebenstraum zum zweiten Mal, kaufte mir wieder eine Harley Davidson und fuhr nur noch mit dem Motorrad in die Stadt, denn ich war sicher: Ich würde es nicht einfach in der Stadt stehen lassen. Das hielt etwa zehn Wochen vor, dann blieb auch die Harley in der Nacht vor der Bar stehen.

Ich übernahm die Verantwortung für einen jungen Hund, den wir früher als geplant anschafften. Ihn würde ich nicht im Stich lassen können. Doch auch hier war die Sucht stärker. Ich setzte ihn schließlich in ein Taxi, als der Rappel kam.

Ich kannte und beherrschte so viele Werkzeuge und Strategien aus dem Coaching, und im Gegensatz zu vielen anderen Coaches war ich auch in der Lage, mich selbst zu beeinflussen. Ich würde sogar behaupten, ein Meister der Selbstmanipulation zu sein. Und doch hatte ich es nicht geschafft, den Drogen wirklich fernzubleiben. Seit fast sieben Jahren ging das schon so, und nun war eine Phase gekommen, in der ich vollends die Kontrolle verlor. Waren es bis vor einiger Zeit noch mehr oder weniger regelmäßige Abstürze, ging es nun bereits seit Langem um ganze Tage, in denen ich mich verlor. Und die Abstände lagen nicht mehr bei einem Monat, sondern mittlerweile bei Wochen und nun sogar nur noch bei Tagen. Ich hatte die Kontrolle verloren. Ich hatte mich selbst verloren.

Ich brauchte Hilfe, ohne es mir eingestehen zu können. Glücklicherweise wollte ich die Unterstützung aber wenigstens jetzt in Anspruch nehmen. Nicht, weil ich Hilfe wirklich wollte, sondern damit meine Familie die Ernsthaftigkeit meines Wunsches sah.

Es war die Inanspruchnahme der Hilfe über Umwege, die, wie ich heute weiß, auch funktionieren kann. Früher hätte ich es bestritten. Früher hätte ich nicht geglaubt, dass jemand von einer Sucht wegkommen kann, obwohl nur sein Umfeld ihn dazu drängt. Heute weiß ich, es kann gehen – unter gewissen Umständen.

Als ich nach einem tagelangen Exzess um eine stationäre Aufnahme bettelte, aber dort in meinem Zustand nicht aufgenommen wurde, besuchte ich nun eine Einrichtung der ambulanten Drogentherapie. Noch heute regt sich meine Frau ein bisschen über das Verhalten des Krankenhauses damals auf, weil ich doch endlich mal zu einer Therapie bereit war und die mich dann einfach wegschickten. Doch im Nachhinein betrachtet war es vollkommen richtig, da es sich bei meinem Einsehen nur um die übliche Haltung der Reue und die Nachwehen des Konsums handelte.

Der Begrüßungssatz der auf Kokain spezialisierten ambulanten Einrichtung „Kokon e.V." lautete: „Du schaffst es nur allein, aber allein schaffst du es nicht."

Ein bedeutungsschwerer Satz, den ich nie wieder vergessen sollte. Denn er stimmt ausnahmslos und ist vielfach auslegbar.

In der Drogentherapie hat er natürlich eine besondere Bedeutung, denn letztlich muss jeder Süchtige selbst clean bleiben und allen äußeren und inneren Versuchungen widerstehen. Jeden Tag, jede Woche, jeden Monat und jedes Jahr aufs Neue – genau genommen jeden Moment!

Doch wie kann er es wirklich umsetzen und standhaft bleiben, auch wenn es mal schwierig wird? Dies geht eben nur mit der Unterstützung anderer bzw. der Hilfe durch andere.

Lass uns dieses Beispiel nehmen, weil die Suchttherapie eine hervorragende Illustration ist. Kein anderes Verhalten ist so stark geprägt wie das der Sucht folgende, und die Anwendung lässt sich auf jeden anderen Bereich übertragen. Ich will dich also nicht mit Drogengeschichten langweilen, sondern durch drastische Beispiele Verhalten und Strategien aufzeigen.

Der Süchtige muss lernen, seine Sucht zu verstehen, und gleichzeitig so zur Ruhe kommen, dass er einen klaren Kopf hat, um die Verantwortung übernehmen zu können und wirklich Einfluss zu nehmen.

Um seine Sucht zu verstehen, muss er sein eigenes Verhalten verstehen bzw. vielmehr schon seine Gedanken und Gefühle. Es hilft ihm, körperliche Vorgänge kennenzulernen, um sich selbst zu verzeihen. Für mich war eine der wichtigsten Erkenntnisse, dass Kokain doch körperlich abhängig macht! Auch wenn wir alle immer wieder hören und lesen, diese Droge mache nicht körperlich abhängig, ist diese Aussage falsch.

Sie wäre nur dann richtig, wenn das Gehirn nicht zum Körper gehören würde. Denn die Ausschüttung von Botenstoffen wie Dopamin und körpereigenen Opiaten gehört zweifelsfrei zu den körperlichen Vorgängen. Diese Vorgänge wiederum sorgen für unser Verhalten, ohne dass wir es bemerken würden. Nur wenn wir darum wissen, haben wir eine deutlich bessere Chance, mit unserem automatisierten Verhalten umzugehen und es zu ändern. Solange ich davon ausging, dass ich nur nicht willensstark genug sei, um beständig konsumfrei zu bleiben, machte ich mir Vorwürfe. Ich machte mich selbst klein, mein Selbstvertrauen war erschüttert, mein Selbstwert litt.

In dem Moment der Erkenntnis, dass es eben auch eine körperliche Abhängigkeit gibt, der wir in gewisser Weise ausgeliefert sind, war ein Teil der Schuld verschwunden! Ich war nicht mehr allein schuld an der Misere, ich konnte ein bisschen Verantwortung abgeben. Ich wusste plötzlich, dass ich in der Opferrolle gefangen war, ohne es bemerkt zu haben, und dass es gar nicht so sehr mit meiner Willensstärke zu tun hatte.

Ich konnte milde mit mir und meinem Verhalten in der Vergangenheit sein. Ich konnte einen neuen Anlauf nehmen, ohne mir all die bisherigen Misserfolge anzukreiden und davon auszugehen, dass es auch diesmal nicht anders werden würde. Es war regelrecht befreiend und gab mir das Gefühl, noch mal von vorn anfangen zu können!

Das Beste allerdings ist, dass es innerhalb einer Gruppe natürlich mehreren Teilnehmern so geht und in der Folge die Gruppendynamik einsetzt, sodass jeder einzelne Teilnehmer zusätzlich beflügelt wird.

Deshalb ist der Spruch „Du schaffst es nur allein, aber allein schaffst du es nicht" auch in mehrfacher Hinsicht stark und richtig. Wir brauchen erstens die Experten, die uns die notwendigen Informationen zur Verfügung stellen und uns mit Wissen versorgen, damit wir verstehen lernen und geeignete Strategien erarbeiten, um unsere Vorhaben auch umzusetzen.

Zudem brauchen wir sie, weil sie mögliche Hindernisse bereits kennen und uns darauf vorbereiten können.

Wir brauchen die Spezialisten aber auch, um ihnen unsere Fragen zu stellen und sofort zu agieren, wenn etwas nicht stimmt.

Und zu guter Letzt brauchen wir ein Team – Gleichgesinnte, die das Leben leichter machen. Dank ihrer haben wir nicht das Gefühl, mit unserem Problem allein zu sein. Wir stellen fest, dass auch andere ganz ähnliche Sorgen haben, und verlieren die Scham. Wir finden uns in ihren Geschichten wieder und lernen von ihnen.

Und im Team der Gleichgesinnten können wir uns untereinander und gegenseitig unterstützen.

Es ist also eine ganze Reihe von Dingen, die uns helfen. Ja natürlich, wir müssen sie allein umsetzen – immer! Aber wir sollten dafür jede nur erdenkliche Hilfe und Unterstützung in Anspruch nehmen. Ob in der Drogentherapie oder wo auch immer.

Verabschiede dich von dem Gedanken, alles allein machen zu müssen. Verabschiede dich von dem Gedanken, alles allein machen zu wollen!

All das gilt natürlich nicht nur für die Therapie, sondern für das ganze Leben. Abgesehen davon, dass du heute kaum Termine bei Therapeuten bekommst, benötigst du schließlich nicht immer einen Therapeuten, um deine Probleme zu lösen. Du kannst auch mit Coaches und Mentoren dein Leben verbessern.

Früher jedoch konnte man auch gar nicht so einfach einen Coach oder Mentor finden, geschweige denn buchen.

Ein echter Mentor in Sachen Börse

Ich erinnere mich gut, ich war Anfang 20 und bereits ziemlich erfolgreich im Finanzwesen. Vor allem fachlich konnte mir kaum einer etwas vormachen, bis auf einen einzigen Bereich: den echten Aktienhandel, vor allem im Sinne von spekulativem Trading – davon hatte ich so gut wie keine Ahnung.

Meine Chefs, die Gründer des Unternehmens, waren ebenfalls recht junge Leute und hatten ebenfalls keinen Schimmer davon. Aber sie waren sehr offen, interessiert, und man sah ihnen von 100 Metern aus an, dass sie gescheit waren und Erfolg haben wollten.

Und so lernten sie zufällig einen alten Börsianer kennen, der Gefallen an ihnen fand. So einen von der Sorte, die das echte Parkett noch beherrschten. Er wurde ihr Mentor für eine kurze Zeit, erklärte ihnen Zusammenhänge, machte sie mit anderen Leuten bekannt usw. Glaubst du, man hätte ihn einfach buchen können?

Sein Antrieb war nicht das Geld, davon hatte der alte Mann längst genug. Sein Antrieb war es, zu lehren und etwas weiterzugeben. Man könnte meinen, dies sei sogar besser als heute, denn das Fehlen des wirtschaftlichen Interesses aufseiten des Mentors mache die Sache einfacher. Doch so ist es eben nicht unbedingt.

Erstens war es kaum möglich, einen geeigneten Ansprechpartner für den jeweiligen Bereich zu finden. Wenn man ihn dann doch gefunden hatte, war dieser meist mit sich selbst beschäftigt und hatte im Grunde kein Interesse, weil sie nur unnötig seine Lebenszeit in Anspruch nahmen.

Und es hatte auch einen ganz gravierenden Nachteil: schon die kleinste Erschütterung einer solchen Beziehung ließ die Partnerschaft ins Wanken geraten und enden, so wie auch im Falle des Börsianers. Er war von irgendeinem Verhalten meiner Chefs wenig angetan und beendete das Mentoring.

Meines Wissens hat er sich davon auch nie so erholt, dass er einem anderen jungen Menschen seine Weisheit mit auf den Weg gegeben hätte. Sehr schade eigentlich!

Die Suche nach Mentoren und Coaches

Natürlich gab es damals auch schon die Möglichkeit, Seminare zu besuchen und Berater zu finden, auch wenn deren Anzahl mit heute nicht ansatzweise zu vergleichen ist. Es war also nicht immer ganz einfach, aber es war möglich. Doch die Preise waren eine echte Hürde.

Kennst du das? Der Preis erscheint dir so hoch, dass du

dir gar nicht vorstellen kannst, diese Dienste zu kaufen? Und selbst wenn du über das Geld verfügtest, scheint dir die Investition viel zu hoch. Du kannst dir auch gar nicht vorstellen, dass ein höherer Mehrwert daraus für dich entstehen könnte.

Mir ging es viele, viele Jahre genauso. Manches Mal konnte ich mir die Dinge schlichtweg gar nicht leisten, und wenn ich das Geld hatte, hielt mich etwas anderes zurück. So wollte ich zum Beispiel ein Seminar in Amerika mehr als 20 Jahre lang besuchen, bevor ich es dann endlich tat. Ich musste erst eine persönliche Krise erleben und mir bewusst machen, welche wiederkehrenden Wünsche ich in den letzten Jahrzehnten eigentlich ignoriert hatte. Ich hielt mir vor Augen, dass auch das Leben dieses weltberühmten und für mich sehr beeindruckenden Coaches endlich ist und er ziemlich sicher irgendwann nicht mehr auf der Bühne stehen würde.

Erst als ich dann endlich über meinen Schatten sprang und an den Sinn der Investition in mich selbst wirklich glaubte, kam ich der Sache allmählich näher. Aber noch einmal wurde ich vom Leben geprüft, und ein Unfall verhinderte meinen Tatendrang. Ich hielt jedoch daran fest und besuchte in den Jahren danach so viele Seminare auf der ganzen Welt, dass ich eigentlich schon deshalb, rein zeitlich, zu nichts hätte kommen dürfen.

Zugleich buchte ich mir Coaches und Mentoren für die verschiedensten Bereiche als meine persönlichen Begleiter, die wiederum eine Menge Zeit kosteten. Ich gebe zu, ich habe mir nur die Besten gegönnt – und noch nie hatte ich auch nur die Idee, einen Bruchteil dieser Investitionen zu tätigen!

Doch das Ergebnis war ganz verblüffend: Ich hatte nicht

nur das Hochgefühl der außergewöhnlichen persönlichen Entwicklung – und ich denke tatsächlich auch wirklich ein enormes Wachstum verzeichnet zu haben –, sondern auch die mit Abstand besten Jahre meines Geschäftslebens, was die Erträge betrifft!

Sich Hilfe bzw. Unterstützung zu holen, ist für mich seitdem überhaupt keine Frage mehr. Für all die Probleme, die wir zu bewältigen haben – so wie ich beispielsweise mein Suchtproblem. Aber auch für unsere persönliche Entwicklung und die Ziele, die wir erreichen wollen, ob unternehmerisch oder persönlich.

Im Gegenteil, ich ärgere mich heute eher darüber, dass ich so lange damit gewartet habe. Ich hätte viel früher damit beginnen müssen. Wir dürfen an den Investments in uns selbst nicht sparen! Und auch wenn der eine oder andere nun denken möge, diese Argumentation sei notwendig für meine heutige Tätigkeit, muss ich dich enttäuschen. Es ist genau andersherum. Ich sage das nicht, um mein Geschäft zu beleben, sondern meine Tätigkeit funktioniert, weil das meine Einstellung ist.

Ich kenne das auch aus dem Bereich der Vermarktung von Immobilien. Lange dachte ich selbst, dass Makler überbezahlt seien, und versuchte ihre Dienste zu umgehen oder billiger zu bekommen. Erst als ich selbst bereit war, für eine gute Dienstleistung gut zu bezahlen, wurde es nicht nur als Kunde leichter, sondern plötzlich auch als Anbieter.

Selbstverständlich sollten wir nicht das Geld zum Fenster hinauswerfen und irgendeinem dahergelaufenen Anbieter überzogene Honorare in den Rachen werfen. Aber tatsächlich wäre das wohl sogar besser, als gar kein Geld in sich selbst zu investieren. Du musst verstehen, dass es Sinn macht, sich Hilfe zu holen und Geld dafür zu bezahlen. Und in der Regel ist es besser, viel Geld und im Notfall sogar zu viel Geld zu bezahlen, denn dann hast du die Chance, eine sehr gute Leistung zu erhalten.

Ein hoher Preis ist zwar keine Garantie für eine sehr gute Leistung. Aber das Gesetz der Wirtschaft schließt aus, dass du für wenig Geld eine herausragende Leistung bekommst!

Coaching ist eine sehr gute Möglichkeit, sich in den verschiedensten Bereichen professionelle Unterstützung zu holen.

Bezahlte Berater

Ich glaube, der heutige Weg ist tatsächlich besser als die frühere Suche nach einem Mentor, den man dann bei Laune halten musste. Heute kannst du jemanden ausfindig machen und ihn als Berater, Coach, Mentor buchen und ihn einfach dafür bezahlen. Die Belastungsgrenze ist höher, weil der Mentor einen direkten Ausgleich erfährt und eher etwas verzeiht, als wenn es nur um seinen guten Willen und den einseitigen Einsatz geht. Damit hat der Klient auch die Chance, mal einen Fehler zu machen, der nicht sofort zur Beendigung dieser Partnerschaft führt. Trotzdem wirst du einen guten Coach auch daran erkennen, dass er nicht alles macht und auch in der Zusammenarbeit nicht jeden Fehler verzeiht.

Ich weiß von einigen meiner hochkarätigen Kollegen, dass schon das mehrmalige Zuspätkommen ein Ende der

Zusammenarbeit mit sich bringt – ohne jede Rücksicht auf dadurch verloren gehende Honorare. Sie sind sich zu schade für Mittelmäßigkeit.

Doch du brauchst natürlich nicht nur die alten Hasen und ganz besonderen Experten auf ihrem Gebiet. Du brauchst ganz oft auch einfach mal einen Außenstehenden, wie man so schön sagt. Einen Gesprächspartner, der nicht in die Angelegenheiten involviert ist, um die es gerade geht. Du brauchst einen Menschen, der dir zuhört und versucht, dich zu verstehen. Der dir Fragen stellt, die dich selbst auf andere Gedanken bringen. Der dir Denkanstöße und neue Denkrichtungen gibt. Denn wie oft ist es so, dass du manchmal so eingefahren denkst, dass du es selbst kaum aushalten kannst. Erst wenn dich etwas aus dem eingefahrenen Muster herausholt, merkst du, wie sehr du in deiner Welt gefangen warst, und wunderst dich, warum du nicht einfach in andere Richtungen gedacht hast.

„Den Wald vor lauter Bäumen nicht zu sehen" trifft es wohl ganz gut. Du bist mitten im Wald und siehst nur noch die Bäume um dich herum. Eine andere Perspektive bleibt dir verwehrt, solange du im Wald bleibst. Erst wenn du von dort heraustrittst und aus einigem Abstand darauf schaust, entdeckst du völlig neue Perspektiven und damit Wege.

Zuhörer

Ein Zuhörer wirkt Wunder, ohne selbst etwas zu tun. In diesem Zusammenhang erinnere ich mich sehr gern an die

Zeit meiner ambulanten Drogentherapie. Etwa ein Jahr lang gab es verschiedene Strategien, um der Sucht nach Kokain erfolgreich zu begegnen, und so gehörten anfangs sogar zweimal in der Woche, später jede Woche einmal, ein Einzelgespräch mit meiner Therapeutin dazu.

Ich, der seiner eigenen Meinung nach ohnehin alles wusste, und sie – allein in einem Raum. Ich, der schon alles erlebt und erreicht hatte, und sie, die „kleine" Therapeutin. Ich, der Ehemann und Familienvater, der Unternehmer, der Hochleistungsmann, der Alleskönner – und sie, die zurückhaltende Angestellte dieses Vereins. Verzeih mir die überzogene Darstellung meiner eigenen Person. In der Übertreibung liegt die Veranschaulichung. Natürlich war es nicht ganz so schlimm. Aber ich weiß heute auch, sehr weit entfernt davon war ich wohl nicht.

Wir Menschen haben ja ohnehin die Tendenz, uns selbst zu überschätzen und vermeintlich alles zu wissen, selbst wenn wir gerade in größten Schwierigkeiten stecken, aber in Verbindung mit jahrelangem ausufernden Kokainkonsum und Alkohol ist diese Art der verblödeten Selbstherrlichkeit kaum noch zu übertreffen.

Und so muss meine liebe Therapeutin innerlich oft gelacht haben, über mich und meine bestimmt nicht unsichtbare selbstherrliche Haltung. Doch sie machte das einzig Richtige: Sie ließ mich reden. Und so vergingen Stunden über Stunden, in denen sie kaum ein Wort sagte und ich mich selbst unterhielt. Ein Blick von ihr reichte, und ich machte weiter, falls es mal zu einer kleinen Pause kam.

Erst nach einigen Monaten setzte tatsächlich langsam wieder etwas Klarheit in meinem kokainumnebelten Gehirn ein, und ich bemerkte, dass sie eigentlich nie etwas sagte.

Manchmal warf sie eine kurze Frage ein – das war auch schon alles. Dann redete ich wieder in einer Tour. Ich redete und redete, um schließlich eines Tages zu bemerken, dass ich mich immer sehr angeregt mit mir selbst unterhielt. Ich antwortete mir auf Fragen, die eigentlich keiner gestellt hatte, aber die für mich extrem wichtig waren, und ich ließ keine Betrachtung bzw. Perspektive aus. Ich therapierte mich förmlich selbst. Sie sah nur zu. Und hörte zu. Und passte auf, dass ich die richtigen Pfade nicht verließ. Dass ich nicht die eigentlich wichtigen gedanklichen Pfade verließ, um mich mal wieder auf einen Nebenkriegsschauplatz zu stürzen, der vor Bedeutungslosigkeit strotzte. Sie hörte einfach zu. Und auch, als ich dies nach einigen Monaten bemerkte, lächelte sie nur.

Zuhören ist eine der gewinnbringendsten Angelegenheiten, für alle Beteiligten!

Sie wusste genau, dass jede tiefergehende Frage oder gar Aussage nur zu unnötigen Diskussionen mit ihr geführt hätte, und ließ mich die für mich wichtigen Dinge störungsfrei mit mir selbst verhandeln. Ich hätte mich wohl auf Machtkämpfe mit ihr konzentriert und die Verteidigung meiner Gedanken und Handlungen, doch so hatte ich keinen Gegner außer mir selbst. Eine wirklich schlaue Strategie, gerade für Menschen wie mich, insbesondere zur damaligen Zeit.

Ich glaube, wir müssen uns mit dem Zuhören viel mehr auseinandersetzen, wenn wir wirklich Erfolg haben wollen – als Mensch genauso wie als Unternehmer und als Gesellschaft sowie planetarische Gemeinschaft.

Professionelles Zuhören darfst du gerade im Coaching erwarten, und dies ist einer der vielen Gründe, weshalb gutes Coaching so wichtig ist.

Unabhängige Gesprächspartner

Ein unabhängiger Gesprächspartner ist Gold wert. Ein wirklich unabhängiger Gesprächspartner hat keine eigenen Interessen und ist in der Lage, in deinem Sinne zu denken und zu handeln. Er kann sich in deine Lage hineinversetzen und deinen Absichten und Zielen folgen. Er steckt auch nicht emotional in deinen Problemen fest, sondern vermag mit Herz und Verstand nach Lösungen und Wegen zu suchen.

Er sieht nüchtern und unvoreingenommen deine Rolle und die Rollen anderer Beteiligter, versteht damit schneller deren Positionen und Haltungen und kann Einfluss nehmen, wo du selbst vor lauter Gefühlen stecken bleiben würdest. Er sieht klar und ist am ehesten objektiv, wenngleich es dies ohnehin nicht wirklich geben kann. Er kann auf dich Einfluss nehmen, muss es aber nicht. Er kann auch einfach seine Sicht darstellen. Er kann freundlich oder schroff sein, es spielt überhaupt keine Rolle, er muss sich an keinerlei Spielregeln halten. Selbst Provokationen seinerseits könnten extrem hilfreich sein, sofern im Grunde klar ist, dass er dir nichts Böses will, mit dir fühlt und für dich da ist.

Es ist gar nicht so einfach, einen wirklich unabhängigen Gesprächspartner zu finden, haben die meisten Menschen in deinem Umfeld doch ihre eigenen Interessen. Dein Nachbar genauso wie deine Mutter, dein Partner ebenso wie deine Freundin, und auch deine Kinder haben ihre ganz eigene Sicht auf die Dinge. Im Grunde genommen kann ein unabhängiger Gesprächspartner nur derjenige sein, der keinen Nachteil erleidet, wenn er seine Meinung sagt und diese dir nicht gefällt.

Ein Angestellter bei dir kann kein unabhängiger Gesprächspartner sein, denn er ist ja von dir abhängig. Eigentlich kann es nur eine Person sein, die dafür beauftragt ist, und selbst hier musst du achtgeben, dass sie dir nicht nach dem Mund redet, um weiterhin mit dir arbeiten zu können.

Ich bin dafür bekannt, dass ich sehr direkt meine Meinung äußere. Natürlich nicht, um jemanden zu verletzen, und dahingehend bin ich durchaus vorsichtig, aber jeder weiß, ich bin nicht dafür gemacht, jemandem Komplimente zu machen, um ihm zu gefallen. Ich kann kein Lob aussprechen, wenn ich etwas nicht gut finde, und ich habe eine Aversion gegen Schleimerei. Selbst, wenn sie mir gegenüber stattfindet.

Ich würde dir immer empfehlen, eher kritische Stimmen einzufordern. Durch Zustimmung und Bestätigung kannst du vielleicht dein Ego ein bisschen pushen und dein Selbstvertrauen stärken, doch du wirst dadurch nicht besser. Du brauchst Kritiker, die deine Ideen, Gedanke und Wege auf Herz und Nieren prüfen, hinterfragen und dich zur Verbesserung antreiben.

Meine wichtigste Frage

Eine meiner wichtigsten Lektionen in den letzten zehn Jahren war die Entdeckung einer Frage, die mich meine „besten Ideen“ noch einmal ganz genau prüfen ließ. Zu viel Geld und Energie hatten mich meine glorreichsten Ideen und Visionen schon gekostet, und wenn du ehrlich bist, wirst du feststellen, dass deine besten Ideen vermutlich auch die für dich teuersten waren. Wir sind so voller Begeisterung für unsere eigenen Einfälle, dass wir manchmal die einfachsten Realitäten oder Hindernisse übersehen. Bevor du aber viele Stunden Arbeit und eine Menge Geld in deren Planung und Umsetzung investierst, solltest du die Begeisterung besser prüfen, ohne dich ihrer zu berauben.

Genau deshalb habe ich mir die für mich wichtigste Frage zu stellen angewöhnt: Was könnte ich übersehen haben?

Ich frage nicht: „Was habe ich übersehen?“, denn ich bin mir ja gar nicht sicher, ob ich etwas übersehen habe. Zudem will ich mich meiner Begeisterung nicht berauben, und deshalb stelle ich mir auch keine Frage, die mich sofort frustrieren könnte oder mich in eine Abwehrhaltung treibt und mich spontan sagen lässt: „Nichts habe ich übersehen.“

Doch die Frage lässt mich kritischer auf meine mich begeisternde Idee blicken, ohne mir zu sagen, dass die Idee nichts taugt. Ich fühle mich nicht angegriffen, sondern nur herausgefordert.

Hat die Idee Bestand, gebe ich sie an den kleinsten Kreis meines nahen Umfeldes weiter, mit genau derselben Frage versehen. Ich gebe sie an Freunde und Bekannte, die von der jeweiligen Sache etwas verstehen. Natürlich gebe ich sie nicht an irgendjemanden weiter, sondern an Menschen, die in diesem Bereich auch eine Expertise zu bieten haben und mein Vertrauen genießen.

Hier merke ich bereits im Vorfeld schnell, wenn ich nur an der Oberfläche geblieben bin. Denn meinen engsten Vertrauten gegenüber will ich mir keine Blöße geben, und so bereite ich mich in der Regel deutlich besser vor. Durch die bessere Vorbereitung erkenne ich schon selbst einige Fehler, und so manch begeisternde Idee löste sich damit schon wie von selbst in Wohlgefallen auf.

Diejenigen Ideen aber, die überleben und die ich schließlich, gut durchdacht, weitergebe, werden von meinen Vertrauten mit der Frage „Was könnte ich übersehen haben?" noch einmal überprüft. Sie haben einen frischen und ungetrübten Blick, sind in der Regel noch nicht zu sehr von Begeisterung geblendet (nun ja, manchmal stecke ich sie natürlich bereits im Vorfeld damit an) und können ihr Urteil aus einer ganz anderen Perspektive abgeben.

Und wenn du jetzt einwendest, dass man deine großartigen Ideen klauen könnte, dann solltest du entweder deine Freundeskreise überdenken, an deinem Selbstvertrauen oder an deiner Expertise arbeiten. Ich habe jedenfalls noch nie erlebt, dass diese Ängste berechtigt gewesen wären, denn eine Idee zu haben, ist eine ganz andere Hausnummer, als sie umzusetzen.

Natürlich hat nicht jeder einen Kreis von Experten um sich, der ihm solche geschäftlichen Ideen adäquat prüfen kann. Ein weiterer Grund, warum es gut ist, dass es professionelles Coaching gibt und du dir die jeweiligen Kenner dazuholen kannst. Wir können froh sein, dass es Coaching heute in dieser Form gibt.

Lösungsorientierung

Ob als Zuhörer, Fragensteller, Prüfer, Berater oder als sonstiger Unterstützer – der deutlichste Vorteil am Coach ist es, dass jemand mit dir an der Lösung des Problems arbeitet und du selbst nicht nur um das Problem kreist.

In der Therapie hat man häufig den Eindruck, dass die Reise in die Vergangenheit und die Suche nach den Ursachen der Probleme der wichtigste Bestandteil der Analyse zu sein scheint. Doch ist die Ursache nicht eigentlich nebensächlich? Wäre sie nicht sogar zu vernachlässigen, wenn man auch ohne sie eine Lösung herbeiführen könnte?

Natürlich hängt beides meist unmittelbar zusammen. Doch ich muss nicht jedes Detail der Entstehung eines Problems wissen oder beachten. Wenn beispielsweise das schwierige Verhältnis zur Mutter der ausschlaggebende Faktor ist, muss ich nicht jede Verletzung der vergangenen 30 Jahre wieder hervorholen, beachten und häufig damit sogar noch verstärken.

Aber vor allem im Vergleich zu Gesprächen mit anderen Menschen deiner Wahl sollte die wesentliche Stärke des Coachings beachtet werden: die Lösungsorientierung. Ob es dabei um die Erreichung von großen Zielen geht oder die Bewältigung von schweren Krisen, es geht darum, eine Lösung zu finden – einen Weg zu finden!

9. Was Coaching eigentlich bedeutet

Coaching

Kommen wir nun zu der spannendsten Frage überhaupt, und tatsächlich hätte man sie vielleicht schon ganz zu Beginn stellen müssen. Aber auch wenn begrifflich eine klare Trennung möglich wäre, findet heute längst eine Vermischung aller Bereiche statt, vom Consulting über das Coaching und Mentoring bis hin zum Training, einschließlich der Supervision und Moderation, weshalb wir erst jetzt darüber sprechen wollen.

Zuerst einmal müssen wir uns bewusst machen, dass es Coaching im beruflich bzw. unternehmerischen, aber auch im persönlichen Bereich gibt. Auch wenn beides immer wieder miteinander verwoben werden muss, so ist es andererseits doch ganz klar zu trennen.

Nach der Definition der führenden Coaching-Verbände ist Coaching im Unternehmen „die professionelle Beratung, Begleitung und Unterstützung von Personen mit Führungsfunktionen und von Experten in Unternehmen und Organisationen. Zielsetzung von Coaching ist die Weiterentwicklung von individuellen oder kollektiven Lern- und Leistungsprozessen für berufliche oder persönliche Anliegen."

Eine großartig klingende Definition, die allerdings auch nicht besonders aussagekräftig erscheint. Was gehört zu Beratung, Begleitung und Unterstützung? Was nicht? Wer ist Experte? Der Entwickler im Unternehmen? Oder wer? Vermutlich ist auch der Verkäufer ein Experte, denn viele Unternehmen nutzen Coaching gerade auch für ihren Vertrieb. Wer gehört also nicht mehr dazu? Der Sachbearbeiter, der Pförtner oder die Reinigungskraft? Sind sie nicht letztlich alle Experten? Und was ist eigentlich „Weiterentwicklung von individuellen oder kollektiven Lern- und Leistungsprozessen"? Bedeutet es, dass nur die Weiterentwicklung und nicht der Erhalt von Leistungsprozessen im Coaching eingeschlossen wäre? Belassen wir es dabei, bevor wir noch mehr Unklarheit hineinbringen.

Manch einer behauptet, Coaching sei stets überprüfbar und messbar. Ich würde dem widersprechen. Die Ergebnisse aus dem Coaching sind nicht immer messbar, schon deshalb nicht, weil wir den Vergleich nicht haben, was ohne das Coaching passiert wäre.

Im klassischen Coaching wird der Coachee angeregt, eigene Lösungen zu entwickeln, die zu seiner Situation und Persönlichkeit passen. Es gibt keine von anderen angebotenen Lösungen wie beim Consulting. Der Coachee soll im Gespräch lernen, seine Probleme eigenständig zu erkennen und zu lösen. Dadurch soll er sich die Lösung automatisch zu eigen machen. Der Coaching-Prozess befähigt den Coachee, seine Einstellungen und sein Verhalten weiterzuentwickeln, sich in Zukunft neuer Techniken zu bedienen und damit bessere, effektivere Ergebnisse zu erzielen.

CONSULTING

Auf der anderen Seite verstehen wir unter Consulting die individuelle Aufarbeitung von zumeist betriebswirtschaftlichen oder fachlichen Problemstellungen zwischen einem Berater und einem um Rat suchenden Klienten. Hier geht es häufig um finanzwirtschaftliche Kennzahlen, die Fragen des Organisationsdesigns oder um die Gestaltung von Prozessabläufen. Von einem Fachmann auf seinem Gebiet beraten zu werden, das heißt, wichtige Informationen zu bekommen und verwerten zu können. Der Berater behandelt mit dem Klienten einen oder mehrere Bereiche, für die er angefragt ist. Selbstverständlich beachtet ein guter Berater aber auch das Gesamtbild.

Sowohl Coaching als auch Consulting haben ihre jeweiligen Vorteile und sind erfolgreich in der Anwendung. Während Consulting Wissen und „Best Practice"-Lösungen mit Unterstützung eines Experten verfügbar macht, ist im Coaching der Klient selbst der Experte. Er verfügt über sämtliche Ressourcen zur Lösung seines Problems, und lediglich er verfügt über das Wissen, was für ihn die richtige Lösung und die gewünschte Veränderung ist.

Während das Lernen im Coaching durch eigene Problemlösung mithilfe der Prozessbegleitung durch den Coach erfolgt, liefert der Consultant auf Basis der Prämissen des Klienten fertige Lösungen.

Coaching heißt also wirklich, dass der Coachee, also der Klient, dazu geführt wird, eine eigene Lösung zu erarbeiten, also selbst draufzukommen. Es heißt so schön, dass im Unterschied zur klassischen Beratung keine direkten Lösungsvorschläge durch den Coach geliefert werden, sondern die Entwicklung eigener Lösungen begleitet wird.

So weit die Theorie. Doch Gott sei Dank ist das wirklich nur die Theorie. Denn wenn dies wirklich so klar abgegrenzt gelebt werden würde, wäre es ein riesiges Problem!

Wir brauchen nämlich, nicht nur gelegentlich, auch einen Berater, Lehrer oder einen Trainer, der weiß, wie es geht, und es uns verraten kann. Wir brauchen jemanden, der uns Lösungsvorschläge unterbreitet.

Warum solltest du als Coachee unbedingt selbst eine Lösung finden müssen? Wie kannst du für etwas eine Lösung kreieren, was du gar nicht kennst und weißt? Das wäre ja fast so, als müsstest du jeden Fehler selbst machen. Wenn der Coach also keine Beratung durchführen und der Klient eine Lösung erarbeiten würde, von der der Coach weiß, dass sie falsch ist bzw. nicht aufgeht, dann dürfte er auch in diesem Falle nicht beraten, oder?! Wenn es doch aber der Coach besser weiß, und das hoffe ich für den Bereich, in dem er agiert, warum sollte er dann den Klienten nicht beraten?

Warum muss hier Zeit, Energie und Geld verschenkt werden, damit der Coachee selbst eine Lösung erarbeitet, die dann vielleicht auch noch weniger geeignet ist?!

Mentoring

Auch beim Mentoring handelt es sich um ein Personalentwicklungsinstrument in Unternehmen, aber auch um den Wissenstransfer in persönlichen Beziehungen.

Der Mentor als eine erfahrene Person gibt dabei sowohl sein fachliches Wissen als auch sein Erfahrungswissen an eine noch unerfahrenere Person, den Mentee, weiter. Manchmal vermittelt der Mentor auch persönliche Kontakte. Ziel ist es, den Mentee bei persönlichen oder beruflichen Entwicklungen zu unterstützen. Auch beim Mentoring geht es unterm Strich um alle Bereiche: vom Beruf bis zur Persönlichkeit, um den Glauben und die Spiritualität.

Allgemein kennzeichnet das Wort bereits die Rolle eines Ratgebers oder eines erfahrenen Beraters, der mit seiner Erfahrung und seinem Wissen die Entwicklung von Mentees fördert. Mentoring wird eingesetzt, um den Wissenstransfer zwischen Erfahrenen und weniger Erfahrenen zu fördern. Im Unterschied zum Coach ist der Mentor üblicherweise nicht eigens für diese Tätigkeit ausgebildet, sondern verfügt lediglich über einen Erfahrungs- und/oder Wissensvorsprung.

Auch organisierte Mentoring-Programme innerhalb von Unternehmen, Hochschulen und anderen Institutionen beziehen nur selten professionelle externe Mentoren ein. Mentoring-Beziehungen finden aber auch außerhalb von institutionellen Strukturen statt und entstehen in der Regel durch persönliche Beziehungen und Netzwerke. Ein bekanntes Beispiel hierfür ist Konrad Adenauer als der politische Ziehvater und Mentor von Helmut Kohl.

Mentoren werden nicht nur durch ihre Beratung und ihren Beistand wirksam, sondern agieren teils auch als Türöffner für ihre Mentees, indem ein Mentor seinem Mentee einen Kontakt mit den richtigen Ansprechpartnern ermöglicht.

Als Mentoring wird auch ein organisationsinternes Beratungsformat verstanden, bei dem eine ältere, bereits langjährig tätige Führungskraft eine neue, meistens jüngere

Führungskraft bei ihren ersten Schritten in einem System beratend unterstützt. Im Unterschied zum Coaching findet die Beratung hier nicht durch einen Profi statt, sondern durch einen erfahrenen Kollegen.

Im Mentoring kann also sowohl das Consulting als auch das Coaching enthalten sein, muss es aber nicht.

Training

Coaching und Training werden als deutlich unterschiedliche Formate beschrieben. Beim Training stehen die zu behandelnden Themen von Anfang an fest, sie sind durch die Rollenerwartungen der Unternehmen oder sonstigen Organisation determiniert, z. B. die Verbesserung der Kommunikation bei Führungskräften, während beim Coaching die jeweils zu behandelnde Thematik erst durch den Dialogprozess zwischen Coach und Klient herausgearbeitet wird.

Ein Training findet meistens auf Initiative der Verantwortlichen in der Organisation statt bzw. ist in organisatorische Prozesse eingebunden, z. B. als Entwicklungsprogramm für Führungskräfte oder Verkäuferschulung oder Ähnliches. Das Training setzt im Gegensatz zum Coaching an den rollenspezifischen Verhaltensweisen an, die hier erarbeitet, reflektiert und vor allem einstudiert werden. Feedback, Rollenspiele, Planspiele, Simulationen, Gruppenübungen usw. bestimmen neben Input und Reflexion den Aufbau eines Trainings, der einer bestimmten didaktischen Struktur folgt und spezifische vorgegebene Lernziele erreichen soll.

Trainings finden meist als Gruppenveranstaltungen statt. Selbstverständlich können auch in Coaching-Prozessen Trainingselemente vorkommen, indem beispielsweise in einem Rollenspiel neue Verhaltensweisen erprobt oder eingeübt werden. Der Schwerpunkt des Coachings liegt jedoch auf der Reflexion und Lösungserarbeitung und nicht im Training von Verhaltensweisen.

Auch dies so weit zur Theorie. Oder zur Vergangenheit, denn da wurden diese Unterscheidungen noch deutlicher gemacht bzw. gelebt.

Heute ist, wie bereits erwähnt, alles miteinander verbunden, und die Grenzen sind fließend. Wenn wir heute von Coaching sprechen, dann reden wir in den seltensten Fällen von den skizzierten Abläufen, genauso wenig wie beim Mentoring oder auf allen anderen Gebieten. Wenn wir heute von Coaching sprechen, dann reden wir von natürlichen Übergängen zu allen anderen Formen und schließen heute gedanklich auch die Beratung mit ein.

Denn wir brauchen manchmal einfach einen Rat, eine klare Vorgabe oder auch eine Meinung mit oder ohne Wissenshintergrund. Erst kürzlich rief mich eine Interessentin an und bestätigte mir genau das. Sie habe bereits etwas Erfahrung mit Coachings gesammelt und wolle nun jemanden, der auch eine Position beziehe. Sie habe das Gefühl, ich sei so jemand …

In der Tat, ich bin so jemand. Ich bin vermutlich nicht der klassische Coach, mit dem du viel Zeit verbringen kannst. Meine Intention ist es, schnelle Lösungen zu schaffen, Probleme nachhaltig zu bewältigen, Ziele effizient zu erreichen, große Träume zu realisieren und massive Verbesserungen im Leben vorzunehmen. Ich halte es im

Privat-Coaching genauso wie beim Unternehmen: schnellstmöglich nachhaltige Verbesserungen zu schaffen bzw. Ergebnisse zu realisieren!

Wenn ich eine Lösung kenne oder sehe, auf die mein Gegenüber aufgrund verschiedenster Umstände gerade nicht kommen kann, dann will ich nicht seine und meine Zeit damit verplempern, ihn mühselig dorthin zu führen bzw. es vielleicht sogar noch dem Zufall zu überlassen, dass er von selbst darauf kommt.

Ich habe genug zu tun, und ich gehe davon aus, dass es meinem Kunden ganz genauso geht. Insofern will ich unsere Zeit wertschätzen, denn sie ist nun einmal ein sehr begrenztes Gut, auch wenn wir uns gelegentlich vielleicht nicht so verhalten mögen.

Manchmal reicht es aus, ein Außenstehender zu sein, weil der Klient „den Wald vor lauter Bäumen nicht sieht“, und manchmal fehlt ihr oder ihm einfach die Expertise für die Umsetzung seiner Ideen.

Gelegentlich treffe ich auf Menschen, die besonders stark in der Umsetzung sind, aber keine Ideen und Vorstellungen für ihre Initiative haben. Und es kommt vor, dass wir in bestimmten Phasen unseres Lebens feste Strukturen von außen benötigen, um wieder ruhiges Fahrwasser zu erreichen.

Der Satz „Alles ist bereits in uns“ wird leider gelegentlich etwas falsch ausgelegt oder aus dem Zusammenhang gerissen, denn wir kommen nicht immer selbst auf die Lösung, und wir können auch nicht auf alles selbst kommen. Weil uns schlicht das Wissen oder der Erfahrungsschatz fehlt – oder sogar beides.

Noch einmal in Kürze:

Berater zeigen uns mögliche Wege zum Ziel auf, während

du deine Expertise und dein Fachwissen nutzt. Wenn wir Neuland betreten wollen oder vor einer komplexen Aufgabe stehen, uns die Expertise fehlt und wir einen Best-Practice-Ansatz oder eine Lösungsstrategie suchen, brauchen wir Beratung.

Ein Berater ist ein Experte und kennt bewährte Erfolgsrezepte und die besten Wege zum Ziel. Er kann uns auf die Risiken vorbereiten und Chancen aufzeigen. Ein guter Berater klärt mit uns den Auftrag und zeigt uns dann nachhaltige Optionen. Wir entscheiden, planen und verantworten die Umsetzung.

Ein Mentor kann uns dorthin ziehen, weil er selbst dort schon ist oder war. Er kennt den Weg mit allen Abkürzungen und Hindernissen, mit allen Fürs und Widers – und er kennt sogar die richtigen Leute.

Wenn wir aber selbst das Ziel erreichen müssen und Unterstützung im Prozess oder bei der Vorbereitung darauf benötigen, glänzen die Fähigkeiten eines Trainers. Ein Trainer vermittelt uns Motivation und Kompetenzen, um aus eigener Kraft unser Ziel zu erreichen. Wenn wir ein Ziel haben, das wir nur erreichen, wenn wir dafür unser Kompetenz-, Motivations- oder Leistungsniveau steigern, brauchen wir einen Trainer.

Ein Training bereitet auf eine Aufgabe vor und richtet sich an Menschen mit ähnlichen Zielen. Als Autodidakten lernen wir oft umständlich, das Falsche, oder wir verlieren die Motivation oder geben schnell auf. Ein guter Trainer holt uns genau da ab, wo wir stehen, und sorgt dafür, dass wir in Bezug auf unser Ziel das Richtige richtig lernen. Er schafft einen motivierenden Rahmen, in dem wir gern üben sowie leichter und nachhaltiger lernen. Die Teilnehmenden profitieren nicht nur vom Input und dem Feedback des Trainers, sondern auch von der gesamten Gruppe.

Und wenn bereits das Ziel sehr schwer zu finden oder vollständig unklar ist, unterstützt uns der Coach. Coaches schaffen den Rahmen, in dem wir aus eigener Kraft unserer Zielerreichung näher kommen. Wenn wir nicht nur nach Lösungen suchen, sondern unsere Potenziale erschließen wollen, um nachhaltig zu beruflicher und persönlicher Zufriedenheit zu finden. Coaching ist ein ganz individuell an die Bedürfnisse des Coachees oder des Klienten angepasstes Vorgehen.

Wir haben die Wahl, uns entweder an anderen zu orientieren oder uns unseren eigenen Weg zu suchen. Der Coach wird uns nichts erklären oder empfehlen. Er führt den Coachee mithilfe von Fragen zu mehr Optionen im Wahrnehmen, Denken und Handeln. Der Coach schafft den Rahmen, der die Selbstentwicklung des Coachees begünstigt und ihn zu eigenen systemisch ausbalancierten Lösungen finden lässt.

Coaching, Mentoring, Training und Beratung – jeder dieser Ansätze hat seine Existenzberechtigung, je nachdem, welches Problem es zu lösen bzw. welche Dinge es anzugehen gilt.

Aus der Erfahrung der zahlreichen Beratungen, Coachings, Trainings und Mentorings kann ich selbst dazu sagen, dass ich meinen Kunden von größtem Nutzen bin, wenn ich nicht nur mit einer, sondern mit jeder dieser Rollen gut umgehen kann und darf – sodass ich je nach Bedarf als Coach, Mentor, Trainer oder Berater arbeiten kann.

Die Mischung macht's!

10. Wo wir Coaching brauchen

Die Antwort ist eigentlich einfach: Wir brauchen Coaching überall!

Wir brauchen Coaching gleichermaßen in den privaten wie in den geschäftlichen Bereichen, wann immer es darum geht, uns weiterzuentwickeln und zu wachsen. Entwicklung und Wachstum – darum geht es, wenn es ums Coaching geht!

Ob du Krisen zu meistern, Schicksalsschläge zu überwinden, Probleme zu lösen hast oder Orientierung und Klarheit suchst, dir Wünsche erfüllen, Ziele erreichen oder Träume und Visionen verfolgen möchtest – ein guter Coach an deiner Seite wird dir den Weg erleichtern, die Geschwindigkeit sowie die Resultate selbst verbessern.

Wann und wo immer du Unterstützung und Hilfe gebrauchen kannst, wo dir ein Zuhörer, Unterstützer, Berater, Freund, Partner, Trainer, Sparringsgegner oder was auch immer nützlich sein könnte – such dir einen guten Coach.

Die Bereiche des Lebens, in denen du dir mit einem guten Coach einen Gefallen tun kannst, sind vielfältig:

- deine mentale, geistige Verfassung
- dein emotionaler, gefühlsmäßiger Zustand
- deine physische, körperliche Verfassung
- dein Selbstwertgefühl, Selbstvertrauen, Selbstbewusstsein und deine Selbstsicherheit und Selbstliebe
- deine Partnerschaft und Liebe

- deine Familie
- deine Freundschaften
- deine Beziehungen zu Kollegen, Bekannten und Co.
- dein Zeit- bzw. Selbstmanagement
- deine Arbeit, dein Wirken
- deine Finanzen, dein Geld
- dein Spaß und deine Freuden
- dein Lernen, deine Entwicklung, dein Wachstum
- dein Beitrag, Sinn und Zweck.

All diese Bereiche liegen in deiner Verantwortung, und es bleibt ein lebenslanger Prozess, das richtige Maß zu finden und zu behalten. Unser Einsatz an Verantwortung und persönlicher Zuständigkeit ist stets neu auszuloten. Zielsetzung ist stets die vollständige Erfülltheit in allen Bereichen, die aber weder immer zu erreichen sein wird noch erreicht werden muss. Denn bereits ein sich daraus ergebender guter Mittelweg wird für ein zufriedenes Leben sorgen.

Wieder und wieder werden wir entweder zu viel oder zu wenig Verantwortung übernehmen. Ich kann dir aus eigener Erfahrung versichern, dass es auf diesem Pfad der Verantwortung keineswegs um einen einmal einzuschlagenden glatten Weg geht, sondern vielmehr um einen Prozess. Einen jener Prozesse des Lebens, die dich auch immer wieder an den Rand deiner Kräfte und Möglichkeiten führen können. Ein Coach an deiner Seite wird dir dabei eine gute Unterstützung sein.

Was immer du auf diesem Weg erleben wirst, trägt auf jeden Fall zu deiner Entwicklung bei. Egal, was geschieht, du wirst als Persönlichkeit wachsen und stärker werden. Das ist wie im Sport, auch Hochleistungssportler werden nur durch Training stärker, und Training bedeutet nun einmal Belastung. Du wirst also durch die diversen Belastungen, die dein Leben dir entgegenschmettert, stärker, vergiss das bitte nie, wenn es wieder einmal anspruchsvoll wird. Lass dich nicht entmutigen, wenn es schwierig ist.

Ich selbst habe in meinem Leben schon Belastungen erfahren, die ich manchmal nicht mehr zum Aushalten fand – und doch weiß ich sie heute zu schätzen. Ohne diese Momente wäre ich nie im Leben die Person geworden, die ich heute bin. Nur durch diese aus den großen Herausforderungen entstandenen Kräfte darf ich heute ein Leben nach meinen Wünschen und Vorstellungen führen und kann meinen Beitrag leisten. Aus diesen schwierigen Situationen heraus ist auch meine persönliche „Mission Verantwortung" entstanden.

Circle of Life

Unser Leben besteht aus vielen Bereichen, die bei jedem Menschen unterschiedlich aussehen und doch grundsätzlich gleich sind. Das ist der „Circle of Life". Um ein Leben nach unseren Vorstellungen zu gestalten, müssen wir zuallererst die Verantwortung für diese drei Bereiche des Lebens übernehmen:

1. unser Denken – mentale Stärke
2. unseren Körper – physische Stärke
3. unsere Gefühle – emotionale Stärke

Alle eigentlichen Ziele und Wünsche, die du hegst und pflegst, sind diesen drei Segmenten nachgeordnet bzw. ergeben sich daraus. Wir müssen uns vorrangig um diese drei Bereiche kümmern – erst dann folgt der Rest. Das erste Viertel des Circle of Life betrifft also unseren Zustand und wird von der mentalen, physischen und emotionalen Stärke dominiert. Diese drei Faktoren entscheiden über alles. Ihr komplettes Leben wird hier gestaltet oder auch nicht gestaltet. Hier hat alles seinen Ursprung.

Dein Denken

Beim Denken geht es in diesem Zusammenhang nicht um einen bestimmten Sachverhalt, sondern um den generellen geistigen Zustand, die mentale Stärke. Sehr oft wird auch das Wort Mindset gebraucht. Wie immer du es nennen willst, es geht dabei um deinen Kopf und das, was darin stattfindet. Unsere Stärke in diesem Bereich entscheidet über viel mehr, als uns bewusst ist. Unser Denken bestimmt unser Leben! Umso wichtiger ist es, dass wir die Verantwortung auch für unsere Gedanken übernehmen. Gestresst, durcheinander und total überlastet hast du nicht nur unangenehme Gefühle und eine schlechtere Grundlage als ausgeruht, aufgeräumt und konzentriert, sondern in der Folge auch ganz andere Ergebnisse.

Um es vereinfacht darzustellen, teilen wir dein Gehirn in den Verstand, also das Bewusstsein, und das Unterbewusstsein oder Unbewusste. Du hast längst die Eisberg-Theorie zum 100. Mal gehört und weißt, dass vermutlich weit mehr als 90 Prozent aller Gedanken und Vorgänge unbewusst ablaufen. Beliebte Beispiele hierfür sind immer wieder das Erlernen des Autofahrens. Oder diverse körperliche Abläufe.

Nachdem du einmal gelernt hast, aufzustehen und zu gehen, und es vermutlich mittlerweile mehrere Millionen Male praktiziert hast, brauchst du dir aktiv keine Gedanken mehr darüber zu machen, deinen Fuß in die eine Position und deine Hüfte in die andere Position zu begeben. Genauso, wie du deinem Körper nicht mehr befehlen musst zu atmen, brauchst du dich um zahlreiche weitere automatisierte Abläufe nicht zu kümmern.

Das ist sehr wichtig, denn nur so ist es möglich, den immer anspruchsvolleren Gegebenheiten des Lebens standzuhalten. Heute laufen im Auto nicht nur Radios und sorgen für zusätzliche Ablenkung im immer aufreibender werdenden Straßenverkehr, sondern es werden Telefonate geführt, Nachrichten verfasst und die sozialen Medien besucht. Je mehr Anforderungen auf uns zukommen, desto entscheidender wird die richtige Nutzung aller automatisierten Vorgänge für uns in Zukunft sein. Wir werden konditioniert und konditionieren uns selbst, um uns das Leben zu vereinfachen und zu erleichtern.

Was wir glauben, liegt in unserer Verantwortung.

Unser Gehirn wird stark geprägt durch Erfahrungen und Botschaften aus unserem Umfeld. Als Kinder bekommen wir bereits Gedanken eingepflanzt, deren Richtigkeit wir nicht überprüfen können. Es sind allesamt gut gemeinte Ratschläge, die uns vor Gefahren schützen und uns das Leben erleichtern sollen. „Fass das nicht an“, „Mach das nicht kaputt“, „Fall da nicht hin“ und „Tu dir hier nicht weh“ sind typische Beispiele. Später weiten sich diese Konditionierungen auf die Welt und wie wir sie sehen sollen aus.

Unsere Eltern z. B. sind der Meinung, dass wir einen guten Schulabschluss benötigen, dass dieses oder jenes Studium für uns das richtige ist, sie prägen unsere politische Meinung und geben eventuell sogar die Anforderungen für den geeigneten Partner vor. In der Pubertät lehnen wir uns dagegen auf und wollen meist genau das Gegenteil, um in späteren Jahren dann doch festzustellen, dass alle diese Botschaften auf fruchtbaren Boden fielen.

Wir nehmen im Laufe des Lebens nicht nur die Denkweisen, sondern auch die Verhaltensweisen unseres Umfeldes an. Diese Konditionierungen wirken ein Leben lang und geben uns vor, was möglich und was nicht möglich ist. Wir werden natürlich auch ermutigt und angeregt zu denken. Unser Umfeld motiviert uns zu prüfen, was noch alles möglich ist, uns zu entwickeln und über uns hinauszuwachsen. Aber genau dieses Umfeld kann uns auch beschränken und hemmen.

Wenn wir nun ein eigenverantwortliches Leben nach unseren eigenen Vorstellungen führen wollen, müssen wir uns von diesen Beschränkungen lösen und unser Verhalten und unser Denken selbst übernehmen. Wir müssen dazu aktiv an unseren Gedanken arbeiten. Unser bewusstes Denken und unser Verstand können unser Unbewusstes beeinflussen. So leicht, wie viele Coaches es propagieren, ist es allerdings nicht.

Denn wenn wir so leicht an das Unbewusste herankämen, wäre es nicht mehr das Unbewusste. Immer wieder wird in diesem Zusammenhang von Glaubenssätzen gesprochen, die es nur aufzulösen gilt, um sie dann neu zu programmieren. Das, was hier mit Glaubenssätzen gemeint ist, sind Sätze, die wir glauben. Viele Menschen hängen festen Überzeugungen an, die sie ohne Wenn und Aber glauben.

Es gibt z. B. Menschen, die davon überzeugt sind, Glückspilze zu sein, und es gibt andere, die meinen, sie würden das Pech anziehen. Sie sind fest davon überzeugt, doch es fehlt dafür jeder Beweis. Wieder andere meinen, sie könnten keine Sprachen lernen, glauben, unsportlich zu sein, oder halten sich für musikalische Genies. Sie können daran glauben, dass die Welt ungerecht ist oder dass Leute mit einem guten Herzen zu nichts kommen, Männer alle Schweine sind oder es ein Leben nach dem Tod gibt.

Diese Art von Überzeugungen bestimmt unsere Handlungen schon lange, bevor wir überhaupt handeln. Wenn du der Meinung bist, dass du Sprachen nicht erlernen kannst, dann wirst du auch nicht damit beginnen. Du wirst sogar unbewusst alles dafür tun, um diesen Glauben zu bestätigen. Den ersten Misserfolg wirst du als Beweis deuten und damit deinen Glauben noch mehr verstärken. Wenn du glaubst, dass du in deinem Alter keine neue Stelle mehr findest, dann wirst du dich auch nicht bewerben. Wenn du aber fest davon überzeugt bist, dass du immer etwas finden wirst, weil du eine Bereicherung für jeden Arbeitgeber bist, dann gehst du ganz anders an die Sache heran. Unser Glaube bestimmt also unser Verhalten. Es liegt immer in deiner eigenen Verantwortung zu entscheiden, was du glaubst, und es ist dabei von entscheidender Bedeutung, wie ausgeprägt dein Glaube ist.

Schon in der Bibel wird uns gezeigt, welche Kraft der Glaube hat. Du musst aber weder an Gott noch an die Kirche glauben, um dies zu erfahren. Du musst einfach nur felsenfest an irgendetwas glauben. Unverrückbar, auch wenn es keine Beweise gibt. Die Überzeugung muss so stark sein, dass kein Zweifel am Ergebnis mehr besteht. Manchmal ist unser Glaube jedoch noch nicht ganz so ausgeprägt.

Wir haben vielleicht ein paar Bestätigungen erhalten, aber das alles ist noch nicht in Stein gemeißelt. Und dann wieder haben wir so feste Überzeugungen, dass es für uns gar keine andere Option gibt. Dorthin zu gelangen, ist die eigentliche Kunst. In diesem Fall können wir uns nämlich auch vollständig aus der spirituellen Ecke entfernen und von reinem Denken sprechen. Denn bei näherer Betrachtung ist das, was wir glauben, einfach das, was wir wirklich denken.

Das mag komisch klingen, ist aber so. Du kannst deinen Glauben ganz einfach überprüfen, indem du dich fragst, wie du wirklich darüber denkst. Gibt es noch Zweifel, dann bist du nicht überzeugt. Wenn du nicht vollständig überzeugt bist, glaubst du nicht wirklich daran.

Das, was du wirklich glaubst, ist das, was du denkst. Das, was du denkst, ist das, was du wirklich glaubst!

Unser Erfolg und unsere Ergebnisse sind die Auswirkungen unserer Handlungen. Die Aktivitäten sind die Ursache, der Erfolg ist die Wirkung. Ich spreche an dieser Stelle bewusst nicht von Misserfolg, weil es den ja eigentlich gar nicht gibt. Das Wort Erfolg kommt von „erfolgen, folgen, die Folge“, und somit ist der Erfolg einfach ein Ergebnis. Ob es das gewünschte Ergebnis ist, hat damit nichts zu tun. Es ist einfach ein Ergebnis, ein Resultat.

Die Aktivitäten, die wir eben noch als Ursache in Betracht gezogen haben, sind aber auch Wirkung. Sie sind Wirkung auf unser Denken. Unser Denken bestimmt unsere Aktivitäten, und unsere Aktivitäten bestimmen unsere Ergebnisse. Jede Ursache hat eine Wirkung, und jede Wirkung ist in sich wieder Ursache. Genau deshalb ist es so wichtig, was wir denken.

Im Laufe der Jahre musste ich feststellen, dass meine

körperliche Frische am Morgen nachließ. Spätestens nach meinem schweren Unfall 2013, bei dem ich mir Schienbein, Wadenbein und Sprunggelenk brach, alle Bänder riss und der Fuß nur noch verkehrt herum am Bein hing und durch die Haut gehalten wurde, waren es nicht nur besondere sportliche Aktivitäten, die mir nach dem Aufwachen Schmerzen bereiteten.

Mein allgemeiner körperlicher Zustand ließ von Jahr zu Jahr mehr zu wünschen übrig, obwohl ich noch keine 50 Jahre alt war. Mal tat mir die Schulter weh, mal der Rücken, mal der Nacken und mal die Beine. Irgendetwas war es immer. Ähnlich ging es meiner Frau. „Wir werden halt alt", jammerten wir düster. Aber wie sollte es dann erst werden, wenn wir 70 oder 80 Jahre alt wären? Bei den heutigen medizinischen Möglichkeiten ist es gar nicht so unwahrscheinlich, dass wir 100 Jahre alt werden. Dann hätten wir noch nicht einmal die Hälfte des Lebens rumgehabt! Was wäre, wenn wir wirklich so alt würden, sollten wir die nächsten 50 Jahre dann nur noch jammern und von körperlichen Schmerzen des Älterwerdens geplagt sein? Diese Gedanken störten mich, und eines Tages beschloss ich, sie zu ändern.

Meinen körperlichen Zustand hatte ich in den zurückliegenden Jahren durch mehr Sport bereits verbessert, also mussten nun zusätzlich die geistigen Kräfte bemüht werden. Ich beschloss, mich fortan nicht mehr darauf zu fokussieren, schon so alt zu sein.

„Ich bin jung genug und in bestem Zustand" wurde meine neue Devise, die ich nun in mein Gehirn pflanzte. Ich habe eine Menge Erfahrung im Umdenken, insofern gelang es mir durch verschiedene Übungen tatsächlich in kürzester Zeit, neu zu glauben und eine völlig neue körperliche Ebene zu erreichen. Ich fühlte mich nicht nur viel besser, es ging mir tatsächlich viel besser! Ich hatte innerhalb weniger Wochen ein völlig neues Körpergefühl hergestellt, so ganz nebenbei meine Ernährung optimiert, meine Bewegungen und sportlichen Aktivitäten geändert, hatte viel mehr Energie, Geschmeidigkeit, Ausdauer und sogar Schnelligkeit erlangt.

Anschließend habe ich meine Frau ebenfalls zum Umdenken bewegt – und nun jammern wir auch nicht mehr im Kollektiv, sondern fühlen uns wieder sehr wohl und sind in gutem Zustand. Wir sind natürlich nicht effektiv an Jahren jünger geworden, aber gefühlt eben doch. Unserer persönlichen Verantwortung für unsere Gesundheit und unseren Körper noch gerechter zu werden, hat sich in jedem Fall gelohnt. Es ist also sehr entscheidend, auch an deiner mentalen Verfassung im Sinne deiner Einstellung zu arbeiten, und auch dabei kann ein Coach sehr hilfreich sein.

Deine Physiologie

Der zweite entscheidende Faktor für unser Leben ist unser körperlicher Zustand. Unsere Gesundheit. Es geht dabei um einen reibungslosen Ablauf unseres Organismus und der daraus resultierenden Lebensenergie. Mit Energie meine ich hier nicht das aufgezogen hüpfende Duracell-Häschen, sondern einen gut versorgten Körper, der den ganzen Tag über voller Saft und Kraft zur Verfügung steht. Wenn wir von Müdigkeit geplagt sind, mit Konzentrationsschwächen oder Schmerzen kämpfen müssen, unbeweglich sind oder keine Luft, Kraft oder Ausdauer haben, dann fühlen wir uns nicht wohl und sind nicht leistungsfähig. Wie sollen wir aber ein glückliches Leben führen und unserer Verantwortung für alles gerecht werden, wenn wir nicht unsere volle Leistungskraft entfalten können?!

Wir sind aufgerufen, uns ausreichend um unseren Körper zu kümmern. Niemand anderes als wir selbst ist dafür zuständig! Wir brauchen ihn ein ganzes Leben lang. Speziell, wenn wir befürchten „müssen", sehr alt zu werden, dann sollten wir schon heute die Verantwortung für unsere Gesundheit und unser Wohlbefinden in der Zukunft übernehmen.

Im normalen Alltag haben wir uns die flache Atmung über den Brustraum angewöhnt. Wir sollten uns aber daran erinnern, mehrfach am Tag ganz bewusst über den Bauch tief ein- und auszuatmen und uns vor allem an die frische Luft zu begeben. Jede Zelle unseres Körpers braucht Sauerstoff. Ich verbinde diese Momente gern mit kleinen Pausen der Achtsamkeit und richte mich neu aus. Das wirkt wahre Wunder! Vor lauter Kaffee, Säften, Cola, Bier und Wein vergessen wir oft, genug Wasser zu uns zu nehmen. Als Erwachsener besteht unser Körper aus ca. 65 % Wasser, und unsere Zellen brauchen es für Ernährung, Zellstoffwechsel und den Abtransport der Abfallstoffe, also die Müllabfuhr. Wenn wir nicht vermüllt und krank werden wollen, sollten wir darauf achten, dass wir täglich genügend Wasser trinken und mit unserer Nahrung aufnehmen. Fette z. B. haben einen so schlechten Ruf bekommen, dass jeder sie meiden will. Sie sind aber Energielieferanten und von großer Bedeutung für eine gesunde Entwicklung. Gute Fette verbessern das Blut, haben positive Auswirkungen auf das Immunsystem und sind wichtig für Wachstum und Regeneration der Zellen. Sie wirken entzündungshemmend und tragen dazu bei, die Regeneration zu beschleunigen.

Natürlich ist es auch wichtig, dass der Körper mit allem

versorgt wird, was er braucht, ohne überlastet zu werden. Dazu zählen Kohlehydrate, Eiweiß, Fett, Vitamine, Mineralstoffe und Spurenelemente. Gerade Letztere meinen wir heute leider einfach mit einer Pille ausgleichen zu können. Natürlich müssen wir auch darauf achtgeben, von den einzelnen Stoffen nicht zu wenig oder zu viel zu uns zu nehmen. Die heutige Fülle kann der Körper nicht mehr abbauen und muss bunkern. Das tut uns nicht gut, wir sind matt und müde, denn unser Körper braucht seine Energie dann für sich selbst.

Oft bewegen wir uns auch zu wenig. Bewegung bringt im Körper verschiedene Prozesse in Gang und Schwung in unser Leben. Sport mobilisiert Abwehrzellen und beeinflusst das Immunsystem, Bewegung hinterlässt Spuren – auch im Erbgut. Regelmäßiges Training modifiziert viele Gene. Krafttraining aktiviert Stoffwechselvorgänge und wirkt entzündungshemmend. Alles spricht also dafür, dass auch du dich für Bewegung und Sport entscheiden solltest.

Aber wir müssen auch auf den Ausgleich achten. Sich entspannen bedeutet, physische und psychische Anspannung aufzulösen, und ist förderlich für Höchstleistungen, egal ob für körperliche, konzentrative, kreative oder effektive Arbeit. Eine Anspannung der Muskulatur steht immer im Zusammenhang mit innerer Unruhe, Stress oder Angst. Wichtig bei diesen Prozessen ist dabei das Wechselspiel zwischen Körper und Geist. Jede körperliche Entspannung hat zur Folge, dass auch die Seele zunehmend ruhiger und entspannter wird. Sorge also für regelmäßige Ruhe und Entspannung, dein Körper und deine Seele werden es dir danken. Ich beachte all dies und habe damit nicht nur die Verantwortung für meine Gesundheit übernommen, sondern vor allem meine Energie und mein Wohlbefinden deutlich gesteigert.

Auch du bist mit Blick auf dich selbst für jeden einzelnen dieser Bereiche verantwortlich und steuerst damit dein Wohlbefinden und deinen körperlichen Zustand. Eigentlich brauchst du gar nicht viel mehr zu machen, als aufzuhören, ständig den Organismus zu stören und zu verstören. Wir brauchen so viel weniger, als in unserer heutigen westlichen Welt auf uns einprasselt. Wir brauchen nicht ständig zu essen, und wer sich zum Beispiel schon einmal durch eine Fastenkur gereinigt hat, wird erstaunt feststellen, wie wenig Schlaf plötzlich zur Erholung nötig ist. Wir bringen unseren Körper mit vielen Dingen ins Ungleichgewicht und wundern uns dann, wenn wir dem Leben kaum standhalten können oder uns über kurz oder lang Krankheiten heimsuchen. Krankheiten sind ein direktes Ergebnis dieses Ungleichgewichts und der Störungen, und wir müssen sie weniger als Warnung denn als Heilung verstehen, denn für eine Warnung ist es ja bereits zu spät. Dein körperlicher Zustand bringt dir Energie oder kostet dich Energie. Wie willst du kleine oder gar große Ziele erreichen, wenn du all die Energie für den Körper benötigst?!

Du entscheidest selbst, in welchem körperlichen Zustand du dich befindest. Willst du topfit und voller Schaffenskraft deine Träume verwirklichen oder auf Sparflamme deiner Leistungsmöglichkeiten durchs Leben schleichen? Du musst dazu deine bisherige Lebensweise nicht völlig auf den Kopf stellen. Denn du kannst schon mit kleinen Veränderungen große Verbesserungen erreichen.

Und auch hier, in all diesen Bereichen, können Coaches eine gute Unterstützung sein.

Emotionaler Zustand

Unsere Gefühle sind das Ergebnis unserer Gedanken und unserer körperlichen Verfassung. Doch unsere Emotionen werden auch von außen beeinflusst, mal stärker, mal weniger stark. Es ist sicher nicht notwendig, die Gefühle immer auf „gute Laune" zu stellen, doch die Möglichkeit, die eigenen Gefühle zu steuern, ist einer der wesentlichen Faktoren für ein glückliches Leben. Du kannst noch so viele Erfolge feiern, Milliarden von Euros besitzen und den besten und liebevollsten Partner an deiner Seite haben, wenn du deine Gefühle nicht im Griff hast, wird dir all das nichts nützen. Du musst deine Gefühle leben können. Zuerst einmal solltest du dir darüber klar werden, dass jedes Gefühl, das du gerade haben magst, in Ordnung ist.

Vor einiger Zeit wohnte ich einem Selbstverteidigungskurs für Kinder bei, in dem nicht etwa großartige Kampftechniken das Hauptthema waren, sondern die Einschätzung von Situationen. Die Gründerin der Kurse, Melissa Emperhoff, hat es sich zur Aufgabe gemacht, Kindern die Aufmerksamkeit für ihre Gefühle wiederzugeben. Sie stellte in ihrer Vergangenheit immer wieder fest, dass so viele ihrer Freunde und Bekannten kein Selbstwertgefühl hatten. Heute lernen Kinder bei ihr, auf ihr Bauchgefühl zu hören und zu vertrauen sowie sich dementsprechend zu verhalten.

Das Training war höchst interessant, Kinder sind zwar noch lange nicht so verkopft wie wir Erwachsenen, sie hatten aber doch einige Schwierigkeiten, an ihre Gefühle heranzukommen. Sie machten vor allem große Augen, als sie erfuhren, dass jeder in ein und derselben Situation andere Gefühle haben könne. Noch verwunderter schienen sie, als sie erkannten, dass alle Gefühle, so unterschiedlich sie auch sein mochten, richtig waren. Wo ein Kind bereits ein mulmiges Gefühl hatte, fühlte sich ein anderes noch wohl.

Wir können alles fühlen, und es ist immer richtig. Für uns. Unser Umfeld kann etwas ganz anderes fühlen, und es ist auch immer richtig. Für eben diese Personen.

Lernen, alle Gefühle anzunehmen

Wir wollen törichterweise nur gute Gefühle wie Freude, Liebe, Lust empfinden und meinen, Angst, Traurigkeit und Frust wären zu vermeiden. Aber warum? Die Welt besteht aus Polarität, die Wärme wäre ohne die Kälte und der Spaß ohne die Ernsthaftigkeit wertlos. Wir dürfen und können auch deprimiert sein, das ist kein Drama! Einzig und allein übermäßig und dauerhaft darin zu verharren, das wäre ein Problem. Unsere Aufgabe ist also vielmehr, unsere Gefühle zu lieben, zu nutzen und aus ihnen zu lernen. Denn entscheidend für dein Glück ist, dass du es auch empfindest.

Du darfst auch Freude empfinden, wenn Dinge mal nicht so funktionieren. Mein Umfeld ist immer wieder verwundert, dass ich mich selbst nicht so ernst nehme und manchmal nicht nur sehr kritisch mit mir bin, sondern auch herzhaft über meine Dummheit lachen kann und keinen Hehl daraus mache. Wer sagt denn, dass nur Erfolg Spaß machen darf?!

Wir haben alle schon vor langer Zeit den Fehler gemacht, uns nur noch auf den Kopf zu verlassen, und unsere Wahrnehmung damit stark eingeschränkt. Du witterst und fühlst auch heute noch Gefahr oder Ärger, nicht wahr? Dinge fühlen sich richtig an, obwohl der Verstand etwas anderes sagt? Wenn wir ein zufriedenes Leben führen wollen, sollten wir alle wieder lernen, auch diesen instinktiven Kanal zu bedienen. Das ganze Leben besteht aus Emotionen, und ein Leben ohne Gefühle wäre nicht halb so schön. Dabei dürfen wir niemals vergessen, dass wir erlernen können, unseren emotionalen Zustand von einem negativen in einen positiven zu verändern.

Ebenso können wir lernen, unsere Emotionen nicht zu sehr vom Außen leiten zu lassen. Wenn deine Stimmung vom Wetter, der Laune des Arbeitskollegen oder den Nachrichten auf der Welt abhängig ist, wirst du kein selbstbestimmtes Leben führen können. Wir müssen die Verantwortung für unsere Gefühle jederzeit übernehmen. Daran führt kein Weg vorbei. Und wenn wir daran arbeiten wollen, ist Coaching eine gute Hilfe.

Anders denken, anders fühlen

Diese drei wichtigen Segmente – Geist, Körper und Gefühle – sind eng miteinander verknüpft und beeinflussen sich gegenseitig. Du kannst dadurch jederzeit deine aktuellen Gedanken unterbrechen, dir andere Fragen stellen und damit deine Gedanken verändern. Das führt sofort zu veränderten Gefühlen und einer veränderten Physiologie.

Probier doch einmal, deine Schultern hängen zu lassen, den Kopf zu senken und nach unten zu sehen. Du wirst von einem Moment auf den anderen eher traurig und deprimiert sein. Diese Haltung bringt das einfach mit sich. Im Umkehrschluss kannst du nicht mit breiter Brust und tief atmend nach oben schauen und gleichzeitig deprimiert sein! Du entscheidest durch deine Haltung also selbst, was du denkst und fühlst.

Der Bereich deiner Beziehungen

Dieses Feld ist viel größer, als die meisten Menschen auf Anhieb meinen. Viele denken dabei nur an die Liebe und den Traumpartner. Natürlich, wir alle brauchen Zuneigung und Liebe, aber haben neben ihr eben auch zahlreiche andere vielschichtige Verbindungen, die wir nicht alle einzeln behandeln können. Alle diese Verbindungen sind ein Teil unserer Verantwortung. Interessanterweise beginnen wir hier auch den Raum der Selbstverantwortung zu verlassen und betreten ein Terrain, in dem wir Verantwortungen für andere übernehmen, aber auch andere Verantwortung für uns übernehmen.

Selbstliebe

Es liegt in deiner Verantwortung, dich selbst zu lieben. Das hat mit Narzissmus nichts zu tun, sondern ausschließlich mit dem Gefühl der Verbundenheit mit und Wertschätzung für sich selbst. Sich zu lieben heißt, sich zu achten, zu respektieren und sich Fehler zu verzeihen. Es heißt aber auch, sich gut um sich selbst zu kümmern, seelisch wie körperlich, und sich Aufmerksamkeit, Beachtung und Anerkennung zukommen zu lassen. Selbstliebe hat etwas mit Selbstwert und Selbstvertrauen zu tun, denn du musst deinen eigenen Wert kennen, ihn schätzen und dir selbst vertrauen. Viele Menschen vertrauen sich selbst nicht, erwarten es aber von anderen. Das ist keine besonders gute Grundlage. Natürlich sollten wir nicht selbstgerecht auf der Erfüllung aller unserer Bedürfnisse bestehen, aber wir dürfen uns um uns kümmern und dafür sorgen, dass es uns gut geht.

Partnerschaft

Zweifellos ist die Ebene der Partnerschaft einer der wichtigsten und prägendsten Bereiche unseres Lebens. Egal, ob Lebensgemeinschaft, Ehe oder auch nur wechselnde Lebensabschnittsgefährten, sie sind unsere Verbündeten und gleichzeitig Sparringspartner. Im Normalfall verbringen wir viel Zeit mit ihnen, und auch wenn nicht, nehmen unsere Partner energetisch viel Raum ein. Da wir geliebt sein wollen, stellen wir uns selbstverständlich auf den Partner ein. In diesem Zusammenhang gehen wir manchmal Kompromisse ein, die uns zu weit von unserer eigenen Persönlichkeit entfernen. Wir sind uns aus Liebe oft der Verantwortung uns selbst gegenüber nicht mehr bewusst und überschreiten hier Grenzen, die wir besser intakt halten sollten.

Liebe bedeutet nicht nur, geliebt zu werden, sondern auch zu lieben. Wir wollen dem anderen Gutes tun, wollen für ihn da sein und ihn glücklich machen. Wir wollen das Gefühl von Verbundenheit und Nähe spüren. Und im gegenseitigen Flow sein. Liebe bringt uns in höhere Sphären und lässt uns über uns hinauswachsen. Sie kann uns jedoch auch verletzen und heftigste Schmerzen zufügen. Manchmal sind Partnerschaften aber auch sehr weit entfernt von Liebe.

Vom finanziellen Deal innerhalb einer Ehegemeinschaft über Freundschaft mit gewissen Vorzügen bis hin zu extrem destruktiven Gemeinschaften, gibt es alle Varianten. In welcher Partnerschaft wir auch immer stecken, wir sind verantwortlich für unser eigenes Wohlergehen und das unseres Partners. Die Gratwanderung besteht darin, stets genau zu schauen, was uns selbst glücklich macht, ohne dieses Glück auf Kosten des Partners zu erreichen, sich aber auch nicht für das Glück des Partners aufzuopfern. Grundvoraussetzung dafür ist, dass beide Partner dies erkennen und ihrer wechselseitigen Verantwortung nachkommen.

Familie und Freunde

Ein wirklich glückliches und zufriedenstellendes Leben ist nur im Miteinander möglich, also in der Gemeinschaft, denn wir als menschliche Wesen brauchen einander. Unser tägliches Umfeld hat dabei großen Einfluss auf uns, unser Denken und unsere Aktivitäten und Erfahrungen. So wie in Kindertagen unsere Eltern und Geschwister einen massiven Einfluss auf uns als Heranwachsende ausübten, so prägen auch unsere Freunde und Familien im täglichen Miteinander unsere Persönlichkeit. Deshalb müssen wir sehr genau hinschauen, mit wem wir uns umgeben, wenn wir ein selbstbestimmtes Leben führen möchten. Wir alle kopieren menschliches Verhalten und passen uns an unser Umfeld an, ganz automatisch und völlig unbewusst. Deswegen solltest du regelmäßig prüfen, ob dein engeres Umfeld förderlich für deine Pläne, Ziele, Träume und Wünsche ist oder vielleicht manchmal sogar hinderlich. Vergiss niemals: Du wirst langfristig so wie die Menschen, mit denen du dich täglich umgibst.

Du stehst in der Verantwortung für deine Familie und deine Freunde, doch du bist auch in der Verantwortung dir selbst gegenüber. Es ist wichtig, sich die richtigen Freunde zu suchen; mit Interessen, Entwicklungen und Ausrichtungen, die deinen Werten entsprechen. Suche nach der Umgebung, die dich inspiriert und animiert, aber auch fordert. Gib dich nicht zufrieden mit dem, was bequem verfügbar ist, sondern wähle bewusst.

Fremde

Nun kommen wir an den Punkt, an dem viele Menschen völlig auf Durchzug schalten wollen. „Was habe ich denn mit fremden Menschen zu tun?", höre ich dann. Viel mehr, als du denkst! Wenn du wüsstest, dass der junge Mann mit der Flasche Schnaps auf dem Bürgersteig der anderen Straßenseite dein Neffe ist, wie würdest du dann über ihn denken? Würdest du eine andere Sicht auf ihn haben? Würdest du ihm helfen wollen?

Wir sind schließlich eine Gemeinschaft von Menschen hier auf diesem Planeten, und – wie weit die anderen Personen auch entfernt zu sein scheinen – wir sind alle eins. Wir wissen nicht, wen wir morgen wieder treffen, wir haben keine Ahnung, mit wem wir wirklich irgendwie verwandt sind, und wir selbst brauchen die Hilfe und Unterstützung anderer Menschen ebenso.

Wir tun gut daran, anderen Menschen mit Respekt und Wohlwollen zu begegnen, und wenn es nur mit Blick auf unseren eigenen Selbstwert ist. Wir sollten Leute so behandeln, wie wir selbst behandelt werden möchten, und versuchen, Verständnis für unterschiedliche Situationen zu entwickeln.

Pflege bitte all diese Segmente und übernimm für dich und deine Liebsten und dort, wo es erforderlich ist, auch für Fremde die Verantwortung. Ich bin sicher, du wirst dafür belohnt. Aufmerksamkeit und Zuneigung, Selbstliebe und Stärke, Vertrauen und Liebe sind nur einige der Gewinne, die du aus deinem verantwortungsvollen Einsatz im Bereich Beziehungen ziehen kannst.

Ressourcen – Zeit, Arbeit und Geld

Zeit ist heute meist das knappste Gut des Menschen. Die finanzielle Situation in Bezug auf das reale Nettoeinkommen der Menschen hat sich in den vergangenen 20 Jahren eher verschlechtert, und so haben nicht wenige heute mehrere Jobs, müssen trotzdem noch den Haushalt schmeißen und sollen sich nebenbei weiterbilden, fit und gesund halten, sich rührend um den Partner kümmern, Freundschaften, Hobbys und soziale Engagements pflegen. Wenn dann noch Kinder kommen, stellt sich häufig die Frage, wie das alles überhaupt gehen soll.

Es ist höchst anspruchsvoll geworden, allen Anforderungen gerecht zu werden und gleichzeitig noch genug Zeit für sich zu haben. Wir verschieben so vieles auf morgen und übermorgen, doch wir verdrängen dabei, dass unsere Lebenszeit begrenzt ist. Gut und selbstbestimmt mit deiner eigenen Zeit umzugehen, ist einer der wichtigsten Verantwortungsbereiche, die du hast.

Geld ist in unserem Wirtschaftsleben unverzichtbar und

steht als Sinnbild für Erfolg. Jeder, der die Wichtigkeit von Geld herunterspielt, hat vermutlich keines und versucht sich damit zu erklären. Du kannst in unserem System ohne Geld nun einmal nicht existieren.

Wir alle haben viele Bedürfnisse und brauchen das Gefühl von Sicherheit. Wir möchten unsere Wünsche erfüllen, ein Leben nach unseren Vorstellungen führen und frei entscheiden können. Sogar, wenn wir für uns selbst nichts benötigen und uns andere wichtiger sind, brauchen wir Geld, um den Armen und Benachteiligten, der Umwelt oder auch den Tieren helfen zu können.

Geld kann uns im übertragenen Sinn natürlich auch Zeit schenken, denn wenn du ein Vermögen hättest, das für dein Leben ausreicht, könntest du den lieben langen Tag machen, was du willst. Dein Einkommen wird entweder aus Geld oder aus Zeit generiert. So einfach ist das. Ob du viel oder wenig Geld brauchst bzw. haben willst, entscheidest du selbst. In jedem Fall aber musst du die Verantwortung für deine Finanzen übernehmen. Du brauchst Ordnung und Klarheit in diesem wichtigen Bereich und kannst da eine Menge erreichen, wenn du es willst. Unser freies Land bietet mit seinem Finanzsystem einige Hürden und Fallen, aber eben auch alle Möglichkeiten. Niemand sagt, dass es einfach sei, schnell oder gar ohne Einsatz gehe. Aber es liegt in deiner Hand – du entscheidest, was du daraus machst.

Arbeit ist ein sehr weiter Begriff. Egal, ob du angestellt bist oder in deinem eigenen Unternehmen arbeitest, du verbringst einen Großteil deines Lebens mit Arbeit. Es wäre also ratsam, wenn du in diesen acht, zehn – oder bei manchen Menschen auch noch mehr – Stunden etwas Spaß hättest. Vergiss nicht: Du verbringst mehr als die Hälfte deines Wachzustands mit Arbeit! Es empfiehlt sich also, eine Tätigkeit zu wählen, die dich wirklich erfüllt. Versteh mich bitte richtig: Es kann nicht immer alles Spaß machen, aber die Freude des Schaffens muss insgesamt überwiegen.

Auch sollte dir klar sein, dass eine einmal gewählte berufliche Richtung nicht für immer gültig sein muss. Was heute für dich spannend und erfüllend ist, muss morgen nicht mehr so sein. Du kannst in deinem Arbeitsleben durchaus mehrfach die Richtung wechseln. Die heutigen Generationen kommen mit einem erlernten Beruf ohnehin nicht mehr aus, sie werden ihr gesamtes Arbeitsleben dafür verantwortlich sein, sich immer auf dem passenden Karrierepfad zu befinden.

Ich selbst finde es großartig, etwas zu starten, das ich noch niemals gemacht habe. Mir macht Abwechslung eben Spaß, ich brauche sie geradezu. Also ist es auch meine wichtige Verantwortung mir gegenüber, in diesem Bereich immer für neue Optionen zu sorgen. Aus diesem Grund habe ich von der Autovermietung über Bau, Büroservice, Callcenter, Finanzdienstleistungen, Immobilien, Hausverwaltung, Projektentwicklung, Spedition, Trainings und Seminare, Unternehmensberatung, Vermögensverwaltung und Werbung schon sehr vieles gemacht. Du musst nicht zum Tausendsassa mutieren, wie mich ein Freund mal so liebevoll nannte, aber vielleicht bringt dir Abwechslung auch im kleineren Rahmen durchaus etwas Freude ins Arbeitsleben.

Und ob du nun in dem Bereich des Zeitmanagements, der Finanzen oder der Karriere Unterstützung gebrauchen kannst, ein guter Coach kann dabei sicher nicht schaden.

Ausrichtung – Sinn

Wir alle brauchen Spaß und Freude im Leben. Diese Attribute sind bei manchen Leuten zwar etwas verkümmert, das bringt schon unsere deutsche Kultur mit sich. Du trägst die Verantwortung für dein Glück, also musst du auch dafür sorgen, regelmäßig Freude zu empfinden. Du solltest dazu genau wissen, was dir Spaß macht, und dich auch aktiv darum kümmern, den Spaß und die Freude immer wieder in dein Leben einzuladen.

Das Fehlen von Freude kann gefährlich sein

Heute weiß ich, dass mich unter anderem die fehlende Freude in die Sucht getrieben hat. Ich brauche nun einmal Abwechslung und Abenteuer. Ich liebe es, meine Komfortzone zu verlassen und Neues auszuprobieren. Ich mag es, mit vielen völlig fremden Menschen zu kommunizieren, ihre Lebens-, Sicht- und Denkweisen kennenzulernen und neue Freundschaften zu schließen. All dies gab es in meinem „normalen" Leben nicht genug.

Meine damaligen Ausflüge waren ein Weg, mir diesen Spaß zu ermöglichen. Hätte ich rechtzeitig erkannt, was mich antrieb, wäre es vermutlich nie so weit gekommen, denn ich hätte Alternativen finden können. Heute kann ich diese Freuden durch zahlreiche gesunde Dinge bekommen, und ich sorge gut für mich. Natürlich ist dabei auch nicht immer alles im „vernünftigen" Rahmen, aber so bin ich eben. Ich mag diese Art zu leben, und sie bereitet mir Freude, warum sollte ich es also anders machen? Die Vernunft hat mich in die Sucht und in die Opferrolle getrieben – das ist für mich keine Option mehr. Ich habe erkannt, was ich in diesem Bereich meines persönlichen „Circle of Life" brauche, lebe danach und komme meiner Verantwortung mir gegenüber nach.

Persönliches Wachstum

Persönliches Wachstum ist ein Naturgesetz. Wir alle verändern uns – die Frage ist nur, in welche Richtung und wie schnell. Älter wirst du sowieso, ob du dabei erfahrener und klüger wirst, entscheidest du selbst. Du entscheidest auch, ob du im Leben ständig etwas dazulernen oder dich Neuem verschließen willst. Du bestimmst die Richtung deines zukünftigen Lebens oder überlässt deine weitere Entwicklung dem Zufall. Das kann riskant sein. Wenn du Glück hast, ist die zufällige Richtung gut für dich, wenn du Pech hast, nicht. Willst du dein Leben wirklich dem Zufall überlassen?

Würdest du dein Leben am Roulettetisch auf Rot oder Schwarz setzen? Vermutlich nicht, also bitte, übernimm auch die Verantwortung für deine persönliche Entwicklung. Es gibt im Prinzip keinen Stillstand, folglich tun wir gut daran, ständig dazuzulernen. Eines meiner Mottos ist „lebenslanges Lernen", denn ich möchte besser und besser werden.

Ich wünsche dir und mir, bis zum Schluss des Lebens geistig voll beweglich zu sein. Daher gibt es eigentlich auch gar keine Alternative zur Weiterbildung. Wir hören es immer wieder: Lies Bücher, höre Audios, besuche Workshops und Seminare. Ich möchte es gern ergänzen: Umgib dich möglichst viel und oft mit Menschen, die es schon besser können, und unterhalte dich mit ihnen. Stelle Fragen an Leute, die schon dort sind, wo du gern hinmöchtest. Kommuniziere neugierig und denke stets an deine persönliche Entwicklung.

Sollten Schwierigkeiten, Probleme und Herausforderungen in deinem Leben auftreten, gibt es immer nur zwei Möglichkeiten: Du kannst daran wachsen oder daran zerbrechen! Es gibt keine andere Alternative. Wofür willst du dich entscheiden?

Ohne Sinn ist alles nichts

Wenn du einen Zweck oder einen Lebenssinn gefunden hast, weißt du, wofür du lebst und wofür dein Leben steht. Das gibt dir eine unerschütterliche Haltung und Einstellung, und egal, was in deinem Leben geschieht, es wird nicht an deinen Grundfesten rütteln und deine Richtung nicht verändern.

Es sind die Ziele, die ein Leben bestimmen, aber vor allem, warum wir diese Ziele erreichen wollen. Es ist der Sinn, der dahintersteht. Wir alle wollen mehr sein als nur ein egoistisches Wesen, das von Geburt bis Tod mehr oder weniger glücklich lebt. Wir wollen beitragen und etwas geben, das ist den meisten von uns innerer Ansporn und Aufgabe. Auch dies ist natürlich keine Einmalsache, sondern ein lebenslanger Prozess. Der Sinn, nach dem wir leben, wird sich im Laufe der Jahre verändern. Als junge Menschen haben wir einen anderen Sinnbegriff als in älteren Jahren. Doch wir können uns gar nicht früh genug mit der Sinnfrage auseinandersetzen und sollten gerade diesen Baustein des Lebens regelmäßig überprüfen.

Auch für all diese Aufgaben, den Spaß und die Freude ins Leben zu integrieren, persönliches Wachstum voranzutreiben und einen Sinn im Leben zu finden, ist ein Coaching ganz sicher eine hilfreiche Unterstützung.

Zu guter Letzt müssen wir natürlich auch den kompletten Bereich des beruflichen Coachings betrachten, der nebenbei gesagt immer wichtiger und wertvoller wird. Während früher nur das Topmanagement vom Executiv-Coaching profitierte, kommen heute schon extrem viele Führungskräfte und Mitarbeitende aller Bereiche in den Genuss, gecoacht zu werden. Einst insbesondere in Vertrieb und Organisation eingesetzt, erfreuen sich heute auch beispielsweise die Pflegeberufe an den Vorteilen dieser professionellen Unterstützung.

Gerade wenn sich die Belastungsgrenzen ins schier Unerträgliche steigern und keine echte Besserung erwartet werden kann, ist die Hilfe für den Einzelnen oder auch das Team Gold wert. Denn nicht nur die Krankenpfleger:innen wissen nur zu genau, dass selbst beim Vorhandensein von politischer Einsicht eine Umsetzung von echten Reformen viel Zeit erfordern würde.

Währenddessen wenigstens verstanden zu werden und gleichzeitig für sich selbst Strategien zu entdecken, um die eigene Resilienz zu steigern, kann lebensverlängernde Maßnahme sein bzw. zumindest so viel Trost spenden, dass es den Beruf noch eine Weile erträglich erscheinen lässt.

Auch im Beruf oder Geschäft geht es natürlich einerseits um die physische, andererseits um die psychische Belastbarkeit, und drittens ist auch die emotionale Stabilität immer weiter in den Fokus der Personalverantwortlichen gerückt.

Jedes Unternehmen hat mittlerweile einen rundum gesunden Mitarbeitenden im Blick, denn sowohl die

Arbeitsleistung als auch die Leistung des Teams hängen davon ab, dass es dem Einzelnen gut geht. Komplette Ausfälle will in der heutigen Zeit des Führungskräftemangels keiner verzeichnen müssen, weil eine Neubesetzung gar nicht mehr so einfach möglich ist. Des einen Freud, des anderen „Leid" – dieser Nachteil für das Unternehmen wird zum Vorteil der Belegschaft. Dies eröffnet den Arbeitnehmern natürlich auch die Möglichkeit, Coaching-Leistungen für sich in Anspruch zu nehmen und die eigene persönliche wie berufliche Entwicklung zu verbessern. Am Ende wieder ein Gewinn für alle Seiten.

11. Wie sollte gutes Coaching sein?

Wenn Coaching so betrachtet wird, dass mit ihm sowohl das Business als auch das ganze Leben verbessert werden soll, ist die wichtigste Botschaft auch schon erbracht. Doch Vorsicht: Nur auf Anfrage! Nie habe ich eine Branche erlebt, wo so viele Leute ihr Wissen, Halbwissen oder Nichtwissen ungefragt in die Welt posaunt haben. Ungebetenes Coaching ist einer der schlimmsten Auswüchse unserer Zeit, verdirbt sie doch dem professionellen Anbieter genauso die Laune wie den Klienten, die eigentlich gar keine sind.

Menschen werden in Fragen verwickelt, die sie von wildfremden Menschen nicht gestellt bekommen, geschweige denn, sie ihnen beantworten wollen. Sie bekommen Ratschläge, um die sie nicht gebeten haben, und die sogenannten „Coaches" sind dann auch noch mächtig stolz auf sich, wenn sie, ebenso ungefragt, gleich noch die Lösung für ein möglicherweise nie da gewesenes Problem parat haben.

Am liebsten würden sie dann noch eine Rechnung stellen, und nicht selten bringen sie, ganz lustig natürlich, einen entsprechenden Kommentar. Wenigstens erwarten sie aber Dankbarkeit. Doch wofür? Für ihren tollen Ratschlag, den niemand erbeten hatte. Eigentlich müssten sie aber noch bezahlen, zur Strafe!

Denn auch für den seriösen Anbieter sind sie eine Qual. Sie verderben den Ruf und die Preise. Nirgends sonst wirst du es finden – kein Anwalt, kein Steuerberater und kein Arzt würde den Leuten sein mühsam erworbenes Wissen kostenfrei aufdrängen. Denn eines sollten selbst diese Möchtegern-Coaches bedenken: Was nichts kostet, ist auch nichts wert. Und wird damit auch nicht beachtet. Damit fällt sogar die Argumentation aus, dass sie den Menschen etwas Gutes tun wollten, denn sie tun es eben nicht. Die Menschen werden mit einem kostenlosen Hinweis nicht in die Umsetzung gehen.

Coaching muss zur Verbesserung führen – gefühlt oder in Zahlen, am besten beides. Coaching darf niemals zur Verschlechterung führen. Punkt.

Damit wird auch noch mal deutlich, dass Versuche im Coaching nichts zu suchen haben. Wenn nicht ziemlich gewiss ausgeschlossen werden kann, dass es eine Verschlechterung der Sache oder des Zustands des Klienten gibt, sollte nicht gecoacht werden.

Andere Menschen zu coachen, bringt eine große Verantwortung mit sich, der wir uns als Coaches immer bewusst sein sollten. Das gilt aber auch für den Klienten, und so ist er mitverantwortlich, allein schon durch die Auswahl des richtigen Gesprächspartners.

Im Coaching geht es darum, einen Zustand, eine Lage, eine Gegebenheit – A – in einen anderen Zustand, eine Lage, eine Gegebenheit – B – zu verändern. Das wiederum bedeutet, es muss eine Bestandsanalyse sowie eine Zielsetzung geben. Wenn du als Klient eines von beidem am Anfang vermisst, hau ab! Da kann nichts Gutes dabei herauskommen.

Der Rest ergibt sich, und wenn es hoffentlich einen Ansprechpartner gibt, der sowohl die Beratung als auch das Coaching und Training, vielleicht sogar das Mentoring beherrscht, dann wird sich ein Weg finden, wie du dein Problem lösen, dein Ziel erreichen oder was auch immer du willst schaffst.

Noch einmal: Im besten Fall beherrscht der Helfer alle Werkzeuge und ist in der Lage, dir die richtigen Strategien, Systeme und Techniken an die Hand zu geben. Und der gute Coach löst nicht nur dein akutes Problem bzw. lässt dich es lösen, sondern sorgt auch gleich dafür, dass du es künftig nicht mehr bekommst oder damit selbst so umgehen kannst, dass du keine externe Hilfe mehr brauchst.

Allzu oft beobachte ich eine Art Verliebtheit zwischen Coach und Coachee, die schon aus wirtschaftlichen Gründen keineswegs erwünscht sein sollte – böse Zungen würden auch von Abhängigkeit sprechen.

12. Wie du den richtigen Coach findest

Zuerst einmal empfehle ich dir, dir genau zu überlegen, was du willst. Auch wenn dir nicht ganz klar ist, was du eigentlich möchtest, solltest du dir einen Rahmen stecken:

Bist du ganz durcheinander und willst Orientierung? Wünschst du dir erst mal Klarheit, damit du dann entscheiden kannst, was du eigentlich willst? Dann sind auch das ziemlich klare Vorgaben dafür, was du mit dem Coaching erreichen möchtest.

Wenn du dir einen Finanzcoach suchst, ist es nicht nur wichtig für den Coach zu wissen, was du willst, sondern in erster Linie für dich selbst. Ein guter Coach wird dir die Frage zwar ohnehin gleich am Anfang stellen, aber so kannst du erstens gleich erkennen, ob du dort richtig bist, und sparst zweitens Zeit und Geld. Zudem wird nicht jeder Finanzcoach der richtige für jeden Bereich der Finanzen sein.

Ich kenne hervorragende Leute aus dem Immobilienbereich, die nicht wirklich viel Ahnung von der Börse haben, und umgekehrt. Wenn du bereits deine Neigung zu Risikogeschäften mit einem großen Hebel für dich ausgewählt hast, brauchst du keinen Berater für Investmentfonds auf ETF-Basis.

Gleiches gilt für die Gesundheitsbranche. Brauchst du jemanden, der mit dir über den Muskelaufbau spricht und dich dahingehend unterstützt? Oder willst du Ausdauersport in dein Leben integrieren?

Frag lieber einen Läufer oder einen Radfahrer, oder willst du mal mit jemandem reden, der beides beurteilen kann? Wünschst du dir vielleicht jemanden, der dir überhaupt erst mal Anregungen gibt, oder brauchst du ein Programm entsprechend deiner Körperanalyse? Willst du Leistungen erzielen oder verbessern, wie einen Marathon in einer bestimmten Zeit laufen, oder willst du deinen Wohlfühlfaktor erhöhen? Geht es um Vitalität oder Fitness? Um abnehmen oder zunehmen? Wie willst du abnehmen und warum?

Du brauchst einen Beziehungscoach? Für welche Art von Beziehung? Und mit welcher Zielsetzung? Willst du eine bestehende Partnerschaft retten oder geht es dir eigentlich um etwas anderes? Abgesehen davon, dass das Leben durchaus manchmal ein paar gute Überraschungen für dich bereithält, kann Orientierung hierbei wirklich sinnvoll sein.

Wenn du deine persönlichen Treiber und Motivatoren kennenlernst, mehr über deine Werte und dazugehörigen Regeln erfahren, vielleicht einen neuen Sinn im Leben für dich entdecken willst, dann wäre es gut, jemanden zu fragen, der sich damit auskennt.

Ein Mentalcoach kann dir behilflich sein, deine geistige Stärke zu verbessern, doch wofür genau? Brauchst du es für den Sport, für einen Vortrag oder für die Auseinandersetzung mit deinem Ehemann?

Glaub mir, das könnte wichtig sein – auch für die Suche nach einem erfahrenen Partner bzw. dessen Auswahl. Willst du überhaupt einen Ansprechpartner mit Erfahrung? Oder brauchst du jemanden, der völlig frei und unvoreingenommen an die Sache herangeht?

All diese Fragen kannst du bereits im Vorfeld mit dir selbst klären, um den richtigen Coach zu finden. Die Mühe lohnt sich schon deshalb, weil du damit viel schneller erkennen kannst, wer zu dir passt. Beschäftige dich also bitte vorher mit deiner Zielsetzung.

Und damit sind wir auch schon beim nächsten Faktor für deine Auswahl: Brauchst du jemanden, der dich versteht, oder wünschst du eher das Gegenteil?

Ich habe mir eine Zeit lang nur Coaches und Mentoren gesucht, die in mir eher Widerspruch weckten. Ich achtete darauf, dass ich eine hohe Meinung von ihnen hatte und sie respektierte, aber ich wollte neue Anregungen. Ich brauchte zu dieser Zeit niemanden, der mich bestätigte, sondern genau diejenigen, die mich aufregten, mit ihrer Meinung. Ich achtete schon in den sozialen Netzwerken darauf, dass ich nicht alles gut fand, denn ich wollte etwas Neues lernen. Bei denjenigen, die mich ärgerten, wollte ich einfach genauer hinsehen. Es ging nicht darum, meine Meinung zwingend ändern zu wollen, sondern eben darum, genau hinzusehen.

Du musst für dich entscheiden, wen du in welcher Phase deines Lebens gebrauchen kannst. Wenn du ohnehin schon angeschlagen, ja, fast am Boden liegend, Unterstützung brauchst, solltest du dir niemanden buchen, der noch zusätzlich an deinen Nerven rüttelt.

Über einen weiteren Punkt haben wir bereits gesprochen: die Erfahrung. In unternehmerischen Angelegenheiten ist es oft wichtig, jemanden mit Erfahrung zu buchen. Genauso wichtig kann es aber auch sein, einen neuen, frischen, freien Geist, ohne die alten Limitierungen, zu nutzen. Jemanden, der es gewohnt ist, dass ein Unternehmensaufbau zehn Jahre dauert, wird dir nicht dabei helfen können, in drei Jahren ein Millionen-Business zu etablieren.

Schau also bitte auch darauf, wer welche Erfahrungen bietet, und prüfe, was für dich wichtig ist.

Sei etwas vorsichtig mit Angeboten nach nur einer bestimmten Ausbildungsrichtlinie bzw. einem immer gleichen System. Ich hatte in meinen jungen Jahren das Vergnügen, einen der ersten Institutsgründer der Neurolinguistischen Therapie kennenzulernen. Er kam aus der psychologischen Psychotherapie und hatte, weiß Gott, noch einiges andere auf dem Kasten als „nur" NLP. Er mahnte mich als begeisterten Fan davon, dem nicht zu viel Gewicht zu geben, mit der immer gleichen Geschichte: „NLP ist eine Krücke. Und eine Krücke braucht man im Normalfall nur eine begrenzte Zeit zur Unterstützung, bis man wieder richtig laufen kann."

Und dann geht es natürlich noch um den Faktor Mensch. Du kannst den Coach sympathisch finden oder mögen, musst du aber nicht. Du musst den Menschen nicht zwingend mögen, wenn er dich weiterbringen soll. Aber wie bereits oben erwähnt, solltest du ihn zumindest respektieren oder in anderer Art und Weise für sein Tun schätzen.

Auch hier kommt es wieder sehr darauf an, was du willst. Für manche Dinge brauchst du Harmonie und für andere etwas Aggressivität und Streitbarkeit. Im besten Fall wird dein Coach über alle Facetten verfügen. Doch wir sind uns einig, dass jeder seine ganz eigenen Schwerpunkte hat.

Bei mir kannst du zum Beispiel ein Stück weit Harmonie bekommen, aber nicht zu viel. Denn dafür bist du in meinen Augen nicht gekommen, und schließlich bezahlst du eine Menge Geld dafür, dich zu entwickeln. Natürlich werde ich nicht nur auf Krawall aus sein, aber ich werde vielleicht oft etwas sagen, das dir nicht wirklich gefällt.

Wenn ich der Meinung bin, dass es dich weiterbringt, ist mir auch nicht so wichtig, ob du mich magst. Wenn du am Ende eine gute Entwicklung für dich verbuchen kannst, wirst du mich schon mögen – irgendwie. Die unangenehmen Lehrer konnte auch erst keiner leiden, und später sind das genau die, die uns in bester Erinnerung bleiben. Weil wir dann zu schätzen wissen, was sie uns gegeben haben.

Erst wenn du all das Genannte für dich geklärt hast, begibst du dich auf die Suche. Natürlich kannst du dir dann die nötige Expertise in Form von Erfahrungen, Erfolgskonzepten und Methoden vermitteln lassen, aber ich bin mir fast sicher, du wirst bei entsprechender Vorbereitung ein gutes Gespür dafür haben, was passt. Das ist dann auch der wesentlichste Vorteil deiner Vorbereitung: Du kannst dich auf dein Gefühl, dein Gespür, deine Wahrnehmung der Situation und der anderen Person konzentrieren.

Und noch etwas: Suche bitte nicht vorrangig nach Preiskategorien aus. Natürlich sollst du dich nicht für einen Coach übernehmen. Doch am Ende ist es wie bei allem. Meinst du zu sparen, zahlst du doppelt. Schau vielmehr darauf, dass du deinen gewünschten Nutzen im Auge behältst.

13. Coaches müssen Verantwortung übernehmen

Wir müssen mehr Verantwortung übernehmen! Wir, das sind letztlich vier Seiten. Die Coaches, die Ausbilder der Coaches, der Staat und die Klienten selbst. Wir alle müssen mehr Verantwortung übernehmen, weil es gar nicht anders geht.

Wir Coaches sollten uns als Erstes bewusst machen, wie viel Verantwortung wir mit unserer Arbeit tragen. Gleiches gilt für die Ausbilder. Und die Kunden müssen sich bewusst werden darüber, dass sie selbst am Ende für ihr Leben verantwortlich sind.

Der Staat trägt eine übergeordnete Verantwortung dafür, dass die Entwicklungen auch für die Gemeinschaft und den Einzelnen nützlich sind. Doch bevor wir uns die Aspekte genauer ansehen, lass uns anschauen, was Verantwortung eigentlich in diesen Fällen bedeutet.

Bei Verantwortung generell geht es immer um eine Verpflichtung, aber gleichzeitig auch um eine Möglichkeit, Antworten zu gestalten bzw. mitzugestalten. Es geht also um das Recht einerseits und die Pflicht andererseits. Es geht darum, die Antworten, also die Erfolge, mitzugestalten. Die Chance, aber auch die Notwendigkeit, die Ergebnisse zu beeinflussen – das ist Verantwortung.

Verantwortung schließt aber auch ein, für sein Handeln einzustehen und dafür zu sorgen, dass alles einen möglichst guten Verlauf nimmt, das jeweils Richtige getan wird und möglichst kein Schaden entsteht.

Wenn wir uns an diesen Definitionen der Verantwortung orientieren, dann hat der Coach eine ganze Reihe von Pflichten. In erster Linie aber ist es seine Aufgabe, dem Kunden eine echte Hilfe und Unterstützung zu sein bei der Bewältigung seiner Probleme, bei der Erreichung seiner Ziele oder auch bei der Orientierung im Leben. Eine Hilfe und Unterstützung zu sein, nur darum geht es letztendlich. Und genau das ist gleichzeitig auch seine Chance.

Ein Coach muss und kann also den Menschen helfen, bessere Ergebnisse zu erzielen. Das ist sein Teil der Verantwortung.

Er darf sich also keineswegs mit Halbwahrheiten oder Scheinsystemen zufriedengeben und sich auch nicht auf seinen persönlichen Erfahrungen ausruhen, sondern muss immer bestrebt sein, eine individuelle Lösung für seinen Kunden zu finden. Etwas, das für seine Kunden auch wirklich eine Lösung darstellt.

Die Verantwortung derjenigen, die die Coaches heranziehen und mit ihrer „Ausbildung" den Grundstein für die spätere Tätigkeit legen, haben gleich zwei große Pflichten: dem „Nachwuchs" zu zeigen, wie diese Arbeit ein echtes Business sein kann, und die entsprechenden Inhalte für die Ausübung der Tätigkeit zu vermitteln. Dies sollte aber damit verbunden sein, klar und offen aufzuzeigen, wie die Arbeit wirklich aussieht, Grenzen zur Therapie zu vermitteln und Werte für die Ausübung der Arbeit zu vermitteln.

Der Klient, der Coachee, ist verantwortlich dafür, dass er nicht in falsche und für ihn wenig hilfreiche Hände kommt. Es ist ein bisschen wie an der Börse: Sei nicht zu gutgläubig. Natürlich gibt es auch mal ein Wunder, aber vertraue nicht auf die, die sie dir versprechen.

Die Investmentbanker haben eine ganz nüchterne Herangehensweise bei all ihren Investitionen: Sie machen nichts, was du nicht verstehst. Das ist vielleicht für den Bereich des Coachings etwas zu viel verlangt, aber auch hier kannst du auf deinen gesunden Menschenverstand vertrauen. Eine Kältetherapie wird dich vielleicht etwas abhärten, aber eben nicht das Gesamtkonstrukt von Bewegung und Ruhe, Ernährung und Atmung ersetzen. Die Geschichte mit dem 100-jährigen, extrem gesunden und sich nur von Cola ernährenden Indianer ist vielleicht doch nur eine Geschichte. Und wenn sie es nicht ist, ist es vielleicht wie mit Helmut Schmidt und den Zigaretten. Ihm haben sie angeblich keinen Schaden zugefügt bis ins hohe Alter – aber wie hoch ist die Wahrscheinlichkeit, dass es bei dir auch so ist?!

Lass dir also kein X für ein U vormachen oder das Blaue vom Himmel versprechen. Gerade wenn du in „Not" bist oder etwas Neues angehen willst, brauchst du nicht noch ein schlechtes Coaching-Erlebnis obendrauf.

Manche Coaches bieten Kennenlern-Gespräche an, andere haben Einzelstunden, wieder andere geben Zufriedenheitsgarantien. Schau, dass es für dich passt.

Kommen wir zuletzt noch zu Vater Staat. Und natürlich bin ich als Unternehmer nicht darauf aus, für weitere und vielleicht sogar unnötige Reglementierungen zu sorgen. Doch der Staat muss die Regeln für die Gemeinschaft so gestalten, dass wir alle ein möglichst gutes Leben führen können. Das bedeutet, im Interesse der Klienten dafür zu sorgen, dass Berufsbilder nachvollziehbar werden. Gerade wie im Coaching, diesem recht jungen Beruf, gilt es nicht, neue starre Ausbildungssysteme zu installieren, sondern gute Lösungen zu kreieren. Die Forderung nach einem einheitlichen Ausbildungskonzept im Coaching ist erstens nicht so einfach umzusetzen und würde zweitens nicht den Zweck erfüllen bzw. wenig Wirkung zeigen.

Diejenigen, die als Scharlatane arbeiten wollen, werden dann einfach eine andere Bezeichnung führen.

Bis heute ist auch der Unternehmensberater kein geschützter Beruf, und dennoch hat man hier nicht das gleiche Problem wie im Coaching-Markt. Es geht also mehr um Aufklärung und erkennbare Standards, zumal wir einen großen Unterschied zwischen Life- und Business-Coachings machen müssen.

Einzelne Bereiche des Business-Coachings kann man bereits sehr gut beschreiben, und die Unternehmenskunden haben in der Regel auch überhaupt kein Problem mit dem Erkennen von Qualität im Coaching. Schwieriger wird es sicherlich in den eher weichen Bereichen der Lebensgestaltung, und hier sollte auch der Staat eher auf Aufklärung der Klienten setzen, als mit unnötigen Reglementierungen zu arbeiten.

Werte zu vermitteln, ist in meinen Augen eine extrem wichtige Aufgabe und kommt in vielen Bereichen unserer Gesellschaft zu kurz. Werte zu vermitteln und gleichzeitige Aufklärung zu betreiben, könnte ein erster wichtiger Ansatz sein. Denn worum es wirklich geht, ist doch Aufrichtigkeit, Ehrlichkeit und Offenheit – sowohl für die nachrückenden Coaches als auch für die Coachees.

14. Schluss

Die Bedeutung des Berufes dürfte dir mittlerweile mehrfach bewusst geworden sein, und ich gehe davon aus, dass wir künftig gar nicht so viele Coaches heranziehen können, wie wir benötigen.

Wofür wir sie benötigen? Die Antwort ist genauso einfach wie groß: Die Erde ist 4,6 Milliarden Jahre alt, der Mensch lebt auf ihr erst seit etwa 300.000 Jahren.

Die Erde in 12 Stunden

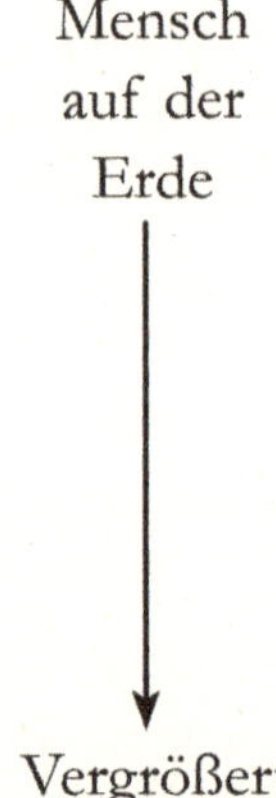

Beginn des Lebens auf der Erde (erste einfach Lebensformen, vor etwa 3,5 Milliarden Jahren)

Anwendung auf die Uhr auf eine Minute: Der Mensch existiert erst seit drei Sekunden von 11:59.57 Uhr bis 12:00 Uhr (seit etwa 300.000 Jahren)

Man sagt, die Entwicklung der letzten 100 Jahre sei so gewichtig wie in den 10.000 Jahren zuvor. Unzweifelhaft ist jedoch, dass die Geschwindigkeit rasant ist.

Die Industrialisierung und schließlich die Digitalisierung stellten die Welt förmlich auf den Kopf. Sind wir vor 40.000 Jahren noch mit der Keule losgezogen und die Frau hat uns das Fell in der Höhle bereitet, haben wir vor 2000 Jahren schon das Pferd vor den Wagen gespannt, vor 130 Jahren das Automobil erfunden, und mittlerweile sausen wir nun geräuschlos und ohne Verbrennungsmotor durch die Welt. Vermutlich wird es dann gar nicht mehr so lange dauern, bis wir tatsächlich durch die Luft gleiten oder uns gar beamen.

Die Geschwindigkeit der Entwicklung nimmt immer mehr zu, und dementsprechend wird es immer schwieriger für den Menschen, sich anzupassen. Zudem wird der Mensch immer älter, und konnte er früher noch getrost behaupten, „bis dass der Tod uns scheidet", weil er sicher sein konnte, keine 30 Jahre alt zu werden, so wird er heute nicht selten 100 Jahre alt, und wer weiß, um wie viel Jahre die neuen Entdeckungen, Erfindungen und Technologien im Gesundheitsbereich schon in 20 Jahren das Leben verlängern. Und nicht nur verlängern, sondern auch verbessern! Denn natürlich wird unsere Sensibilität immer größer, nicht nur zu leben, sondern auch in guter Qualität zu leben. Und da sind wir genau an dem Punkt: Wie schon gesagt, die Anforderungen für jeden einzelnen Menschen werden immer größer. Sich anzupassen in einer sich rasant entwickelnden Welt, ist die eigentliche Schwierigkeit unserer heutigen Zeit. Und genau dafür brauchen wir Coaches – noch und nöcher!

Wofür? Um der Verantwortung für das Leben gerecht zu werden, damit jeder seiner Verantwortung für sein

Leben besser gerecht werden kann und ein zufriedenes, glückliches und erfolgreiches Leben führen kann. Warum? Um seiner selbst willen, aber auch für unsere Welt, unsere Gemeinschaft, unsere Gesellschaft. Wir sind mittlerweile fast 8 Milliarden Menschen auf diesem Planeten, und so besteht wohl hier auch die größte Herausforderung. Denn schon bis 2050 wird ein Wachstum von weiteren 2 Milliarden vorhergesagt und damit eine Weltbevölkerung von fast 10 Milliarden Menschen prognostiziert. Den Planeten Erde gemeinsam, endlich friedlich und ohne ihn zu zerstören nutzen zu können, das ist die Aufgabe.

Längst müsste niemand mehr hungern oder dürsten. Längst haben wir Entfernungen überwunden und sogar schon Zeit nahezu überbrücken können, denken wir nur an die Geschwindigkeit der heutigen Informationen und der Fortbewegung. Doch immer noch treiben uns unsere Systeme dazu, gegeneinander zu agieren. Verschiedene Glaubensrichtungen, Überzeugungen, Habgier und Egoismus bringen uns Streitigkeiten überall auf der Welt und auch innerhalb der einzelnen Staaten.

Die Geschichte und ihre Gräueltaten haben ihre Spuren hinterlassen, und manches ist schon so lange her, dass wir uns nur noch mittels der Geschichtsbücher daran erinnern können. Es ist „gar nicht mehr wahr“, wie man so schön sagt, aber immer noch in den Köpfen verankert – und vieles als Trauma existent. Dies gilt es zu überwinden, und das kann nur gelingen, wenn es dem Einzelnen und der Gemeinschaft gut geht. Kein einziger Mensch ist kooperativ, kommunikativ und fähig zu verzeihen, wenn es ihm selbst oder seinen Nächsten nicht gut geht.

Das bedeutet nicht, dass jeder ein glänzendes, megaerfolgreiches Leben haben muss, aber es muss weit entfernt davon sein, dass die Erfüllung der Grundbedürfnisse in Gefahr ist. Das Leben muss einfach zufriedenstellend verlaufen, nach eigenen Vorstellungen möglich und immer wieder von glücklichen Momenten durchzogen sein.

Genau dies zu schaffen und es zu erhalten, dafür braucht es Coaches, die den anderen helfen, sich selbst gerecht zu werden, ihre Verantwortung sich selbst gegenüber wahrzunehmen – im geistigen Bereich, im körperlichen Bereich, im emotionalen Bereich, für die Finanzen, für die Beziehungen und alles andere, was dazugehört.

Nur wenn der eigene „Circle of Life" insgesamt ein gutes Bild ergibt und das Leben insgesamt zufrieden verläuft, nur dann hat der Einzelne die Kraft und Energie, um für andere da zu sein und die Gemeinschaft zu fördern.

Denn wir müssen auch der Gemeinschaft dienen, wenn wir gemeinsam auf diesem Planeten überleben wollen. Wir sind in einer Phase, in der wir den schönen Blauen Planeten schon reichlich zerstört haben. Natürlich, die Erde wird uns überleben, sie wird sich regenerieren, wenn wir unser Leben hier eventuell längst verwirkt haben.

Selbstredend haben wir alle, und ich auch, die Hoffnung, dass wir noch rechtzeitig die Kurve kriegen. Denn der Mensch verfügt offenbar über ein System, kurz vor Torschluss doch noch etwas Gutes geschehen zu lassen. Um dies zu begleiten, brauchen wir Coaches – verantwortungsvolle Coaches –, die das Leben besser machen. Das ist der Auftrag: das Leben besser machen – nicht mehr und nicht weniger!

Doch dafür brauchen wir keine Möchtegerns und Selbstdarsteller, dafür brauchen wir nicht die Welt voller Phrasen und dummer Botschaften.

Wir brauchen die, die die Botschaften als Grundlage nehmen, als Initialzündung, um miteinander zu sprechen, um miteinander ins Gespräch zu kommen und tiefgründige Gespräche zu führen, individuelle, persönliche Gespräche!

Wir brauchen Coaches im Gesundheitsbereich und in den Pflegeberufen, wir werden Coaches brauchen für unsere Kindergärtnerinnen und Kindergärtner, für Lehrer und Sozialarbeiter, für technische Berufe, für die IT, die Sicherheit und für all die Berufe, die mit dem oder an dem Menschen arbeiten.

In den nächsten Jahren und Jahrzehnten wird nicht nur in der Wirtschaft kein Stein mehr auf dem anderen bleiben. Rasante Veränderungen werden unser gesellschaftliches Leben begleiten, und wir tun gut daran, rechtzeitig so aufgestellt zu sein, dass wir viele Helfer und Unterstützer haben.

Wir werden in Zukunft Menschen brauchen, die unseren Kindern beibringen, in gesundem Maße mit dem Internet umzugehen. Und auch hier wird es Spezifikationen brauchen. Wir brauchen die Menschen, die sich nur auf YouTube spezialisieren, Leute, die nur auf Instagram und Facebook ausgerichtet sind, und wir werden Coaches brauchen, die den Menschen das sinnvolle Googeln beibringen.

Selbstmanagement, Zeitmanagement wird eines der größten Themen der nächsten Jahre sein. Die Möglichkeiten für Coaches werden riesig sein, und doch sollten wir so fair sein, die Wahrheit zu sagen: Coaching ist ein schwieriges Business, dessen Ausübung zumeist erst nach jahrelanger Erfahrung in anderen Bereichen erfolgreich sein kann.

Coaching ist keine Gelddruckmaschine und sollte auch nicht durch das Internet und seine Gruppendynamiken dazu verkommen. Es ist eine höchst anspruchsvolle und ehrenwerte Aufgabe, die seitens der Coaches Anstand und Aufrichtigkeit verlangt.

Es macht einen riesigen Spaß, Menschen helfen zu können, aber es verursacht auch eine Menge Kopfzerbrechen. Nicht selten grübelt der gewissenhafte Coach auch noch Stunden und manchmal Tage danach an Lösungen für seine Klienten. Wenn es dann erfolgreich läuft, gibt es manchmal Anerkennung, und manchmal verdient man auch gar nicht schlecht. Aber wegen des Geldes sollte diesen Beruf niemand ergreifen, so wie ich es generell nicht empfehlen würde, wegen des Geldes irgendeinen Job zu machen.

Ja, Coaching kann ein Traumberuf sein. Wenn es zu einem passt. Ich persönlich liebe es und würde es als solchen bezeichnen. Denn ich liebe es facettenreich – und das ist es in jedem Fall –, immer! Du musst Menschen mögen und eine riesige Portion Empathie mitbringen, sonst wird dir das nicht gelingen.

Und genau damit will ich nun auch schließen. Dieses Buch ist geschrieben für dich, der du Menschen magst und unser gemeinsames Dasein ein bisschen besser gestalten möchtest!

15. Nachworte

Ulrike Parthen – Autorin & Ghostwriterin

Coaches hatte ich schon eine Menge und empfand es mehr oder weniger irritierend, was ich dabei erleben musste. Von harmloser Selbstüberschätzung bis zu „noch alle Latten am Zaun?" war alles dabei. Instinktiv sträubte ich mich innerlich gegen deren Weisheiten und Haltung zum Coaching. Und da das ständig passierte, kam ich mit der Zeit ins Grübeln: Lag das nun tatsächlich an den anderen oder gar an mir selbst? Ich vertraue meinem Instinkt ansonsten blind, der mir flüsterte, es lag nicht an mir. Ganz sicher war ich mir in dem Fall trotzdem nicht – bis ich Bernd traf …

Endlich einer, dessen Haltung mit meiner übereinstimmte! Viel spannender war allerdings eine andere Entdeckung. Bernd redet Klartext. Immer! Diese blind in die Welt gerufenen Coaching-Weisheiten nervten ihn in ihrer Pauschalität genauso sehr wie mich, und das äußerte er sehr klar. Das fand ich insofern beglückend, als ich dachte, ich wäre die Einzige, die diese Weisheiten anzweifelte, während gefühlt alle anderen Menschen tosend Beifall klatschten – die Coaches sich selbst dabei am meisten. Bernd und ich mussten uns in der Sache kaum verbal verständigen, sondern verstanden uns blind. Herrlich! Allerdings geriet er bisweilen genervt „außer Kontrolle", was schon mal in Richtung

Pöbelei ausartete, sodass daher die eigentliche Botschaft gelegentlich missverstanden wurde.

Als ich ihm jedoch anbot, einen humorvollen Roman zu diesem Thema zu schreiben, den er aus der Sicht des Coaches begleitet, wurden die ersten Botschaften auf eine Weise transportiert, „dass die Leute darüber lachen können". Der Roman „LEONIE – Männer und andere Pleiten" war geboren, und das atemberaubend schnell.

„Uli, bevor meine Coaching-Lügen noch verstauben, könnten wir sie doch in ein zweites locker-humorvolles Format bringen – als Ergänzungsbuch zu LEONIE: Alle Coaching-Lügen gesammelt im Überblick. Und du formulierst das wie gehabt charmant-frech aus", konterte Bernd mit einer Gegenidee. Ich fing augenblicklich Feuer und so entstand unmittelbar nach Fertigstellung des Romans das zweite Buch – besser gesagt Booklet –, denn dessen Umfang wollten wir reduziert gestalten. Es erblickte jedoch noch nicht das Licht der Welt. Es ruhte ein ganzes Jahr lang. Ich hatte es, ehrlich gesagt, schon vergessen, da kam Bernd mit der Nachricht an, dass er die Coaching-Lügen in einem völlig neuen Konzept inzwischen selbst neu erschaffen hätte – auf Basis unserer einstigen Idee. „Ohne dein Nachwort soll es keinesfalls das Licht der Welt erblicken. Schließlich warst du entscheidend mit daran beteiligt, die Coaching-Lügen überhaupt in Richtung Buch zu denken", lautete sein Wunsch. Ich entspreche diesem Wunsch liebend gern und freue mich, dass die Coaching-Lügen ihre Reise – etwas verspätet – nun doch noch in die Welt antreten dürfen. Auf dass sie viele Menschen erreichen mögen!

Felix Beilharz – Berater & Keynote Speaker für Online- und Social Media Marketing

Ich mache seit 20 Jahren Online-Marketing und seit fast 15 Jahre berate und trainiere ich Unternehmen. Ich halte international Vorträge, verkaufe Kurse und veranstalte Seminare. Zu meinen Kunden zählen DAX-Unternehmen, Weltmarktführer und Hidden Champions. Eigentlich war ich mit meinem Weg glücklich. Doch vor ca. drei Jahren hat sich etwas geändert. Zum ersten Mal hörte ich die Äußerung „Das ist doch einer von diesen Coaches!“ Zack, das saß!

Seitdem muss ich mich immer öfter rechtfertigen, KEINER von „diesen Coaches“ zu sein, die einem in Facebook-Werbung oder YouTube-Ads das schnelle Geld versprechen. Offenbar hat sich da eine massiv negative Entwicklung abgespielt. „Coaching“ wurde zum Inbegriff für jedes erdenkliche Versprechen, in Rekordzeit reich, schön, berühmt, sexy und erfolgreich zu werden (wenn man nur das richtige Mastermind oder den richtigen Erfolgskurs für fünfstellige Beträge bucht!). Darunter leiden nicht nur die Opfer dieser Scharlatane, sondern auch die ganze Branche der seriösen Coaches. Und eben sogar Leute wie ich, die eigentlich gar keine Coaches sind.

Das Buch von Bernd Kiesewetter ist genau deshalb so wichtig. Da sich die Formulierungen der Coaching-Aufschneider ohnehin immer wiederholen, lässt sich durch einen kurzen Check der Lügen und Phrasen im Buch ganz leicht abhaken, ob man es mit einem seriösen Anbieter oder einem Schnell-und-Hektisch-Reichwerden-Vertreter zu tun hat. Das spart viel Geld, Ärger und Enttäuschung.

Bernd wird sich mit diesem Buch nicht nur Freunde machen. Seine Abmahnkasse sollte besser gut gefüllt sein – die Aufschneider-Szene ist schneller mit ihren Abmahnungen als Lucky Luke damals mit seinem Colt. Aber ich bin froh, dass er sich dieses wichtigen Themas angenommen hat. Coaching ist zu wichtig, um es den Quacksalbern und Kalendersprücheklopfern zu überlassen. Danke, Bernd!

Ilja Grzeskowitz – Autor & Keynote Speaker für Veränderung

Ein Buch, das die Welt dringend braucht. In Zeiten, in denen Coaches ohne jegliche Ausbildung wie Pilze aus dem Boden sprießen, die immer gleichen Mythen verbreiten und eine ganze Branche in Verruf gerät, schlüpft Bernd Kiesewetter in die Rolle des Ritters auf dem weißen Pferd. Mit einschlägiger Expertise, jeder Menge Empathie, vor allem aber Klartext räumt er mit gefährlichem Halbwissen auf, teilt seinen Erfahrungsschatz und zeigt auf, welche genialen Ergebnisse man mit gutem Coaching erzielen kann.

Fabian Wirth – Banker & Führungskraft, Autor

Ein paar Worte im Nachwort des neuen Buches von Bernd Kiesewetter zu schreiben, betrachte ich als ehrenvolle Aufgabe. Eine Anfrage, die ich mit vollem Stolz, trotz Urlaubs, ohne eine Sekunde nachzudenken, angenommen habe. Weil es seine Leidenschaft bzw. seine Passion ist, Menschen zu helfen, sie zu stärken und auf den „richtigen Weg“ zu bringen. Er hat wie kein anderer in Deutschland Verantwortung, speziell die Selbstverantwortung spielerisch auf ein neues Level gebracht und hilft Menschen, sie wieder für sich zu finden und zu übernehmen.

Wo bei vielen ein Rückzugsgefühl entsteht, wenn sie mit dem Wort „Verantwortung“ konfrontiert werden, sorgt er dafür, dass sie diese annehmen und sich mit dem Wort bzw. dessen Inhalt „anfreunden“ und wohlfühlen.

Er hat selbst eine bewegte Vergangenheit mit vielen Ups und Downs und kann sich daher auch in Menschen hineinversetzen und „mitfühlen“. Eine Eigenschaft, die nicht mehr viele Menschen so haben. Er spricht nicht aus der Theorie. Er spricht aus der selbst erlebten Praxis. Ich würde Bernd Kiesewetter als einen absoluten Menschenfreund beschreiben, der in jedem Potenzial sieht und auch anderen hilft, dieses zu erkennen, daran zu glauben und es weiterzuentwickeln. Ob es seine Coachings oder Vorträge sind, ob es Gespräche mit ihm oder seine Bücher sind. Vollkommen egal, in welchem Bereich. Die Leidenschaft und Hingabe, anderen Menschen zu helfen bzw. helfen zu wollen und für sich Verantwortung wiederzufinden und folgend zu übernehmen, zeichnen Bernd und sein Lebenswerk aus und machen ihn, in meinen Augen, zu einem großartigen Menschen und etwas ganz Besonderem.

Marc Bennerscheidt – Coach und Experte für die Gesundheits-, Pflege & Sozialwirtschaft

Phrasen gehören leider für viele beruflich tätige Menschen zum Alltag. Bringt nichts, außer viel Energieverschwendung. Bei Coaches ist das nicht nur ein Zeichen von Unprofessionalität, sondern vielmehr unseriöse Arbeit mit Menschen, die deren Hilfe suchen. Coaches sollen ihre Klienten dabei begleiten, in die Selbstwirksamkeit zu kommen. Phrasen sind da unangebracht.

Lieber Bernd, du zeigst in diesem Buch diese Luftnummer auf, machst sie sichtbar. Dafür bin ich dir dankbar. Denn wir brauchen Coaching-Profis, die individuelle Inhalte und echte Lösungen statt starrer Pakete verkaufen, die mehr ihnen selbst und ihrem Business helfen.

Was soll ich sagen? – Du zeigst mit diesem unbequemen Buch mal wieder Verantwortung!

Thomas Sajdak – Autor, Speaker & Trainer für Führung & Kommunikation

Ein längst überfälliges Buch in einer Welt, in der Heerscharen an selbst ernannten Coaches andere Menschen mit Kalendersprüchen und nicht validierten Methoden an den Rand der Selbstoptimierung und auch des Kontostandes führen.

Mein hochgeschätzter Kollege Bernd Kiesewetter beleuchtet hier auf wunderbare Art und Weise die bekanntesten Mythen der Coachingszene.

Er ist ist für mich ein beispielloser Coach, der Verantwortung für sich und andere übernimmt und das Herz auf der Zunge trägt.

Ich kenne keinen anderen Menschen, der in der Öffentlichkeit so aufrichtig mit seiner eigenen Vergangenheit umgeht. Allein dieser Aspekt würde der Coachingszene einen viel authentischeren Anstrich verleihen. Wenn also echte unternehmerische Erfahrung und Expertise, Berliner Schnauze und Aufrichtigkeit zusammenkommen, kann man nicht anders als hinhören. Umso schöner, dass Bernd seine Mission Verantwortung fortsetzt und die Lupe auf eine Branche richtet, in der es allerhöchste Zeit ist, genauer hinzusehen.

Wer einen Coach sucht, sollte sich dieses Buch unbedingt vorher zulegen!

Melanie Benna – Stuntkoordinatorin, Stuntfrau, Autorin

Ich denke nicht, dass mein Coach für meinen Fortschritt verantwortlich ist. Mein Fahrlehrer ist ja auch nicht „schuld", wenn ich direkt nach Erhalt des Führerscheins einen Unfall baue. Man könnte natürlich mutmaßen, dass mein 18-jähriger Fahrlehrer nicht genügend Erfahrung hatte. Oder dass die angesetzten 2,5 Tage zum Erlangen meines „Lappens" von ihm nicht ganz optimal kalkuliert waren. Dass ich trotz des blau-gelben Lamborghinis, der wirklich viel schnellere Lernerfolge aufgrund der beruhigenden und hirnanregenden Farbe verspricht, einfach meine Visualisierungsarbeit zum Thema „fliegendes Schaf" nicht gut genug ausgeführt habe und deswegen komplett gegen die Wand gefahren bin …

Okay, jetzt mal ernsthaft: Ich liebe es, mich mit unterschiedlichsten Methoden coachen zu lassen. Mein Hier und Jetzt mit professioneller Unterstützung in die Richtung zu lenken, in die ich als Nächstes will. Das kann in gewissen Phasen auf sehr spiritueller Ebene ablaufen und in anderen Umständen brauch ich super faktisch orientierte Coaches an meiner Seite. Und genau das ist der wichtige Punkt: Ich muss wissen, was ich will, und sollte Sinn von Unsinn unterscheiden können. Schwierig wird's nur, wenn der ehemalige Staubsauger-Vertreter gut verkleidet um die Ecke kommt und mir nun Selbstverwirklichungskram verkaufen möchte oder Tante Erna die neue It-Girl-Life-Coachin zu sein verspricht, weil sie letzte Woche „Meditation" für sich entdeckt hat.

Coaching-Pilze sprießen an jeder Ecke und durch deren clevere Marketingstrategien fällt es zunehmend schwerer, frische, innovative Konzepte von Augenwischerei zu unterscheiden. Ich als „Konsumentin" bin dadurch immer genervter und misstrauischer, mit Tendenz zur Resignation. Und genau deswegen ist ein Tool wie „Coaching-Lügen" längst überfällig gewesen. Es brauchte jemanden aus der Szene selbst, der gewisse Versprechen beleuchtet und einordnet, um ein wenig mehr Klarheit zu schaffen. Ein Jemand aus der Mitte, der sowohl Konzepte aus der spirituellen Richtung für sich zu nutzen weiß, aber auch pure Money-Maker-Strategien kann und kennt. Auch wenn sich Bernd Kiesewetter damit ganz sicher nicht viele Coaching-Freunde macht, wüsste ich keinen, der es pragmatischer und zielgerichteter angehen könnte, ein wirkliches Tool für uns Klienten zu schaffen und dennoch dem gesamten Spektrum der Szene gerecht zu werden.

Petra Beuthel – Unternehmensberaterin, Business-Coach & Mentorin

„Denn jede nachhaltige Verbesserung und jeder echte Erfolg beruhen immer auf Verantwortung." Ein großes Thema mit unendlich vielen Facetten. Im Coaching mit Bernd Kiesewetter ist Raum für diese unterschiedlichen Aspekte in der jeweils notwendigen Intensität. Das zeichnet für mich einen guten Coach aus – er erkennt, was das Gegenüber gerade braucht und hat die richtigen Worte, Werkzeuge und Strategien mit dem Blick auf das vereinbarte Ziel. Mit klaren Worten gibt er den nötigen Schub, um ohne Umwege ins Handeln zu kommen. Bernd Kiesewetter lebt, was er vermittelt, und bei ihm erleben Sie echte Inhalte und keine Phrasen.

Dieses Buch passt genau dazu und ich wünsche mir, dass viele Leser die Mission Verantwortung in diesem Buch erkennen mögen und sich ein Stück weit damit auseinandersetzen. Damit wir unser gemeinsames Dasein ein bisschen besser gestalten.

Ines Zimzinski – Unternehmerin Hörbuchverlag

Die berühmten warmen Worte zum Schluss. Viele Menschen suchen ihr Heil im Coaching. Mach mich agiler, erfolgreicher, reicher (sowieso und unbedingt), sympathischer, mutiger, perfekter – mach mich zu einer besseren Version meines Selbst. Die Lüge ist, dass das so nie klappen wird. Und wenn, nur kurz. Coaches versprechen das Blaue vom Himmel und vermarkten sich genial, sodass wahrscheinlich mittlerweile alle denken, dass sie toll sind. Sind sie nicht.

Ein Coach nimmt das Potenzial, das vorhanden ist, und setzt nicht irgendwas drauf. Ein Coach mag Menschen und nutzt seinen Beruf nicht für den eigenen Status. Ein Coach braucht keine Werbung, sondern wird empfohlen. Viele der Situationen und Dinge, die Bernd Kiesewetter in seinem Buch angesprochen hat, kommen aus tiefstem Herzen, ach was, Seele. Er mag seine Klienten und er mag Menschen.

Wir haben uns über Monate zu vielen Themen, gerade im Coachingbereich, ausgetauscht und ich, die der Branche eigentlich den Rücken gekehrt hat, war danach immer so motiviert, dass ich jedes Mal überlegte, doch wieder in meinen alten „Job" zurückzugehen, um in der Branche aufzuräumen.

Sollten Sie jetzt vollkommen verunsichert sein, dann atmen Sie einmal durch. Schauen Sie, was wirklich bei Ihnen eines Coachings bedarf. Besuchen Sie Coaches und dort, wo Sie sich angenommen und sicher fühlen, bleiben Sie bitte. Ein Coach ist ein Trainer. Er kann Potenzial verbessern, aber er kann keinen Elefanten zum Fliegen bringen oder machen, dass Fische auf Bäume klettern. Sie sind gut so, wie Sie sind.

Ich wünsche Ihnen viel Erfolg mit einer, so hoffe ich, klareren Sicht auf die Branche und auch auf sich und Ihre Wünsche.

David Vandeven – Inhaber Ostsachsen TV

Ich bin gerührt, ein paar Zeilen schreiben zu dürfen. Die Welt ist im Wandel und das spüren wir jeden Tag. Mit einer rasenden Geschwindigkeit verändern sich die Bedingungen um uns herum. Mitunter auch die gewohnten Rituale, Freundschaften, Netzwerke, Berufe. Wir sind ständig auf der Suche nach Antworten und Lösungen, vermutlich einer der Gründe für den Boom in der Coaching-Branche.

Wir brauchen den Blick von außen, den ein guter Coach leisten kann, aber eben nur, wenn er einem individuell und authentisch zur Seite steht und selbst etwas kann. Diese Hilfe zur Findung deiner eigenen Wege ist der Schlüssel zur Selbstverantwortung, funktioniert aber eben nicht mit pauschalen Phrasen. Deshalb ist es genau richtig, dass Bernd Kiesewetter in seiner Mission Verantwortung auch vor der eigenen Branche nicht Halt macht.

Wir werden in Zukunft mehr denn je davon brauchen und ein guter Coach ist immer an meiner Seite, auch wenn er mal nicht da ist. Er ist allgegenwärtig und hilft, einen Weg zu finden und zu gehen. In diesen Zeiten das definitiv beste Investment für dich. Das Ergebnis ist geistige Rendite. Unbezahlbar und mit Mehrwert.

Stéphane Etrillard – Business Philosoph, Pionier im Bereich Lebens- und Business-Souveränität, Autor für Sinnsuchende & Anspruchsvolle, Mentor für Unternehmer/innen und Persönlichkeiten des öffentlichen Lebens.

Dieses Buch über Coaching-Lügen von Bernd Kiesewetter ist besonders lesenswert, weil es die Frage – zumindest für mich – aufwirft, inwieweit Coaching noch ernst zu nehmen ist. Diese Frage hat mehr mit Akteuren dieses Marktes oder Pseudomarktes als mit der unleugbaren Notwendigkeit von Beratung und Begleitung zu tun.

Die Hintergründe des Verfalls einer ursprünglich ehrenwerten Disziplin, der sich Anbieter vor noch 25 oder 30

Jahren nur mit sehr viel Ehrfurcht und vor allem einer Menge Berufs- und Lebenserfahrung langsam genähert haben, beleuchtet Bernd Kiesewetter in seinem gut recherchierten Buch sehr schlüssig. Auch wenn dieses Buch stark in der Welt des „Erfolgscoachings" angesiedelt ist, werden durchaus differenzierte Sichtweisen auf andere Welten wie die des Mentorings und der Beratung aufgezeigt. Dafür verdient es, gelesen zu werden. Jedoch nicht nur dafür! Begriffsdifferenzierungen tun heutzutage dringend not, gerade weil auf diesem Feld jeder alles (fast) ungestraft mit einer Menge Ahnungslosigkeit und Denkunfähigkeit sagen und leider auch im Coachingbereich unterwegs sein darf.

Obwohl ich selbst seit nun 30 Jahren in diesem Metier sehr erfolgreich bin und im europäischen Raum als Pionier des Langzeit-Unternehmermentorings gelte, schäme ich mich mittlerweile, für mich den ursprünglich edlen Begriff „Coach" zu verwenden, und wehre mich mit Händen und Füßen, als solcher tituliert zu werden. „Coach" ist fast eine Beleidigung geworden. Coaching ist leider in den letzten Jahren – Tendenz steigend – zu einer Beschäftigung für ungebildete und unausgebildete Nicht-Könner verkommen, die meinen, sich im Schnellverfahren einige Techniken anzueignen, um den Markt voller Begeisterung zu beglücken, sprich schnell Geld damit zu verdienen.

Dass das schnelle Geldverdienen für viele Zaubercoaches das einzige, jedoch nicht ausgesprochene Motiv ist, dürfte mittlerweile schwer zu übersehen und zu leugnen sein. Gewinner dieses in den prächtigsten Farben und in den höchsten Tönen angepriesenen (Millionen)-Marktes sind fast immer verantwortungslose Coaching-Ausbilder. Verlierer dieser verhängnisvollen Entwicklung sind fast immer

Coaching-Kunden und -Interessenten, die auf Köder- und Hochglanzangebote von Nicht-Könnern und intellektuellen Nieten hereingefallen sind und voraussichtlich noch hereinfallen werden. Gerade deswegen ist dieses Buch im Hinblick auf die Dekadenz des Coachingmarkts dringend notwendig, auch wenn es nur aus einem einzigen Grund ist: Menschen vor Coaching-Mogelpackungen zu warnen.

Verbände helfen in der Regel in diesem Punkt trotz oft plakativen Qualitätscharten und pompösen Gütesiegeln wenig, weil sie oft aus finanziellen Gründen unter dem Deckmantel der Qualität Mittelmaß fördern und Coachinganwärtern das Blaue vom Himmel versprechen. Sie sind ja meistens auch ein Bestandteil des infrage gestellten Systems.

Ich glaube persönlich nicht mehr an Coaching in der gängigen Form. Dafür sind meine Ansprüche an meine Arbeit, an Kunden und an den Wert von Beratungsdienstleistung zu hoch. Dafür bewege ich mich in anderen Kreisen und auf einer ungleich höheren Reflexionsebene, was weniger eine Ausgrenzung anderer bedeuten soll, als ein Ansporn für sie, besser werden zu wollen. Diese provokative Aussage, zu der ich hundertprozentig stehe, verpflichtet nur mich. Ich bin ja kein Maßstab und für das grassierende Mittelmaß schon gar nicht. Ich glaube auch nicht – entgegen geläufigen Verlautbarungen –, dass die Welt noch mehr Coaches braucht, dafür ist sie zu komplex geworden: Unsere Welt braucht mehr Weise.

Wer diesen Anspruch hat, kann sich auf seine eigene Art und Weise auf die zugegebenermaßen manchmal langwierige Suche nach Weisheit begeben. Leider ist Coaching mittlerweile der Inbegriff von verantwortungsloser Begleitung ohne wirkliches Können geworden. Warum ich selbst nicht mehr daran glaube und zunehmend daran zweifle, ob die Situation aufgrund des aktuellen intellektuellen und ethischen Verfalls in dem Bereich je wieder zurechtgebogen werden kann: Den allermeisten Coaches und Coachinganwärtern fehlt es an Bildung, Weitblick, Ausdauer und interdisziplinärem Wissen. Von funktionierenden Geschäftsstrategien ganz zu schweigen. Sie fungieren oft nach abgeschlossener Ausbildung als Branchen- oder Methodenpapageien und entwickeln keinen originären Coaching-Diskurs.

Gerade in dieser desaströsen Marktsituation wird dieses zeichensetzende Buch den Suchenden einen besseren Überblick geben, wenn nicht um Weise, so zumindest, um Coaches mit Verantwortung für sich zu finden. Gerade aus diesem Grund schließt dieses Coaching-Buch eine aktuell schmerzhaft klaffende Marktlücke.

Bernd Kiesewetter

Bernd Kiesewetter ist ein Mensch mit vielen Facetten. Geradeaus, direkt und ehrlich.

Bernd Kiesewetter ist Unternehmer, Erfolgscoach und Berliner mit Leib und Seele.

Schon mit 18 machte er sich selbstständig und begleitete erfolgreich eine Reihe von Firmen. Zeitweise führte er bis zu sieben Unternehmen mit über 150 Mitarbeitern zeitgleich.

Als Berlins Erfolgscoach Nr. 1 begleitet er Selbstständige, Unternehmer und Führungskräfte aus Politik und Wirtschaft auf ihrem Weg des Erfolges und brachte Spitzensportler bis zum Weltmeistertitel. Doch auch für alle anderen, die ihr Leben umkrempeln und glücklich werden wollen, hat er ein offenes Ohr.

Gleichzeitig ist Bernd Kiesewetter Förderer aus Überzeugung und engagiert sich vielfältig ehrenamtlich, vor allem Kindern und Jugendlichen gilt hier sein Augenmerk.

Doch der verheiratete Vater zweier erwachsener Kinder mit großer Leidenschaft für den Familienhund, die Katze und seinen Ruhepol die Pferde, kennt auch die dunklen Seiten des Erfolgs: mit 30 pleite, mit 40 kokainabhängig und alkoholsüchtig und durch einen schweren Sportunfall auf eine harte Probe gestellt, stand er vor den Trümmern seines Lebens.

Seitdem hat er eine Mission und motiviert die Menschen, Verantwortung zu übernehmen – im Business, im Sport, im Alltag. Er lebt konsequent nach seinen Werten.

WEITERE BUCHEMPFEHLUNGEN IM VERLAG

Alexander Gedat
Mutig sein. Glücklich werden.
Warum Fleiß, Disziplin und Entschlossenheit wichtiger sind als Talent
ISBN: 978-3-98679-011-0
Preis: 20,00 €

© Maximum Verlags GmbH

Alexander Gedat:
Ex-CEO von Marc O'Polo, in mehreren Aufsichtsräten, glücklicher Ehemann und Vater.

„Coaches können dir helfen, Richtung und Sinn für dein Leben zu finden und dich zu verwirklichen!"

Vom gescheiterten Abiturienten zum Chef eines Millionenunternehmens

„Sie werden nicht glücklicher, indem Sie erfolgreicher werden. Es ist genau umgekehrt: Wer glücklich ist, wird auch erfolgreicher und schöpft sein wahres Potenzial voll aus.“

Alexander Gedat ist ein glücklicher Mensch. Und ein erfolgreicher: Ex-CEO des Millionenunternehmens Marc O'Polo, früherer Geschäftsführer und noch heute in verschiedenen Aufsichtsräten, gleichzeitig liebevoller Ehemann und Vater. Eine Bilderbuchkarriere? Nicht ganz: Lange konnte er sich nicht für das Lernen begeistern, ist durch sein Abitur gefallen, fühlte sich orientierungslos und erlebte mehrere Krisen. Wie ist es ihm gelungen, sein Leben von Grund auf umzukrempeln? In seinem Buch stellt er sich die Frage, was überhaupt Glück ist und wie man es erreichen kann. Wie können Sie finden, was Sie wirklich wollen, wo liegen Ihre Stärken und wie erreichen Sie Ihre Ziele?

Erfolg und Glück – dazu braucht es kein Talent und auch keine besonderen Eigenschaften, es reicht schon aus, wenn man Verantwortung für sein Leben übernimmt und gesunden Egoismus entwickelt. Wir sind freie Menschen, die im Grunde alles machen können, was wir wollen. Und wir schaffen es auch, damit aufzuhören, das zu tun, was andere von uns wollen.

Mit fundierten Studien, praktischen Übungen und seiner Erfahrung erklärt Alexander Gedat, wie man mit Fleiß, Mut und Disziplin nicht nur erfolgreich wird, sondern auch glücklich!

 maximum-verlag.de

 /MaximumVerlag

 @maximumverlag